Berlin ist Abenteuer,
wir alle sind ein Teil dessen.
Ein dreifaches Dankeschön,
Dankeschön
Dankeschön für das Vertrauen
über eine so lange "schöne" Zeit.

Jens Büchner

Berlin 9.5.2011

TRENDS UND LIFESTYLE

BERLIN
UND UMGEBUNG

ROBERTA BUSCH • ANDREAS TAUBER

TRENDS UND LIFESTYLE

BERLIN
UND UMGEBUNG

ROBERTA BUSCH • ANDREAS TAUBER

Inhalt

8_Übersichtskarte

11_Vorwort

12_Modestadt Berlin

16_bubble.kid berlin

18_14 oz. berlin

22_J.Büchner

24_Burg & Schild

26_Red Wing Shoes

28_a propos

30_Crazy Walk

34_Goldschmiede Claudia Bätge

36_Maison la Provence

38_Charleston House Berlin

40_Camp4

42_ZiB – Zeit in Berlin

44_pantinchen

46_Leder Dago Engler

50_Icke & Friends

52_Lunamaro

58_ Kunst und Kultur

60_Koreanisches Kulturzentrum

64_Adlon Day Spa

66_ m·a·o·a restaurantloungebar

70_Gabriele Restaurant

74_Liquidrom

76_uma Restaurant und Shochu Bar

78_Dalí – Die Ausstellung am Potsdamer Platz

82_Lorenz Adlon Weinhandlung

84_design store

88_Maccas Haircouture

90_Nanna Kuckuck – Haute Couture

92_Rue Tortue

94_Atelier und Galerie Sheriban Türkmen

96_Hannelore Günther – Mode Wohnen Schmuck

100_Antik-, Kunst- und Flohmärkte

102_Melrose

104_Berlin Lounge

106_Julias Küchenwelt

110_Lady M

112_Rodan design

116_Der Lederdoktor

118_Creation Pia Fischer

122_Story of Berlin

124_abba Berlin Hotel

128_OLBRISH – MADE IN BERLIN

130_OFF's for men

132_Les Dessous

134_Die Eventagenten

138_Restaurants – Bars – Cafes

140_GOYA Berlin

144_WIELAND Berlin

148_Massimo 18

150_Atelier im Hof am Nauener Markt

154_Das kleine Apartmenthotel im Holländerhaus

156_Haut- und Lasercentrum Potsdam

158_Domicil

162_Melior & Partner

166_Der Schaumschläger

168_Scheffler's

170_Gut Klostermühle natur resort & medical SPA

176_Alles auf einen Blick

184_Impressum

Berlin

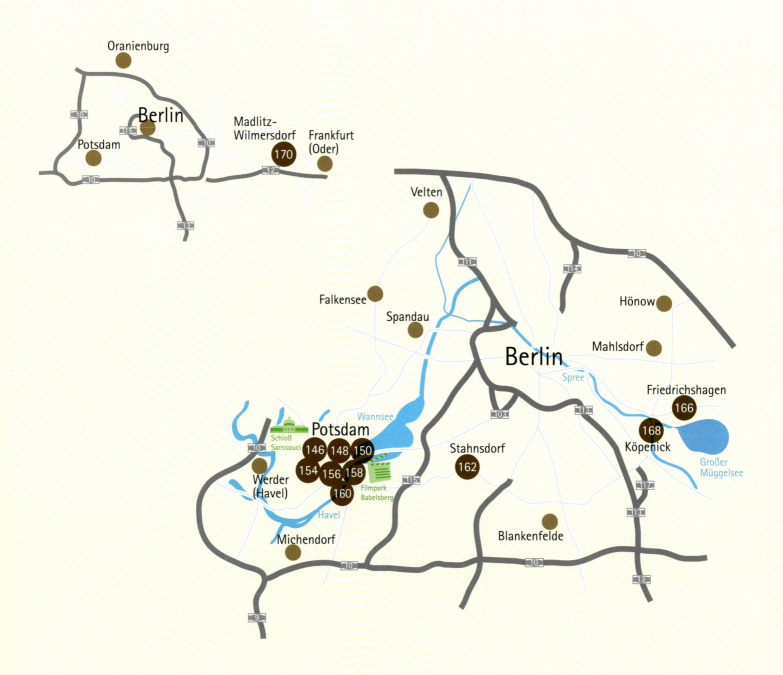

Die angegebenen Zahlen 120 sind identisch mit den Seitenzahlen der einzelnen Betriebe in diesem Buch und bezeichnen ihre Lage in der Region.

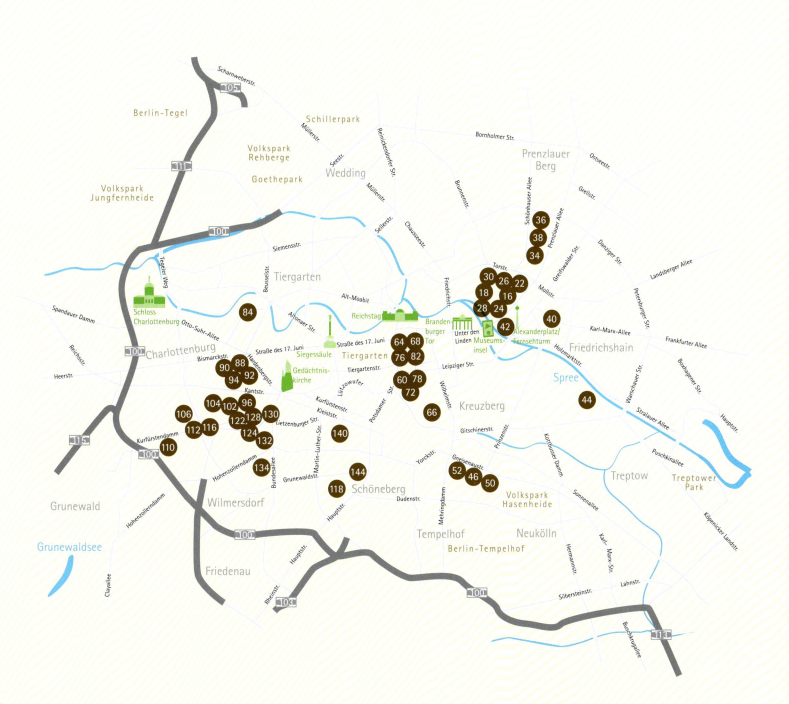

Vorwort

Mehr als zwanzig Jahre nach dem Mauerfall ist Berlin eine Stadt, die pulsiert und vor Energie sprüht wie kaum eine andere. Neben vielfältig bestückten Museen gibt es hochklassige und experimentierfreudige Galerien, neben Opern und Theatern zahlreiche Off-Bühnen und Clubs in versteckten Hinterhofkellern. Neben Gourmetrestaurants bestehen stark frequentierte Imbissbuden. Und wenn es um Mode, Design und elektronische Musik geht, macht die deutsche Hauptstadt immer wieder von sich reden.

Damit knüpft Berlin an die 1920er Jahre an, als die Stadt ebenfalls ein Mittelpunkt der Avantgarde war, bevor sie zum Zentrum des Nationalsozialismus und während des Zweiten Weltkrieges großflächig zerstört wurde, ehe sie – nun in zwei Hälften geteilt – wieder aufgebaut wurde.

Seit dem Mauerfall und dem Beginn der 1990er Jahre hat Berlin zahlreiche Menschen angezogen, erst Abenteuerlustige, dann Künstler, dann Studenten, dann viele Ausländer – und die Attraktivität der Stadt hat für viele, die noch nicht hier leben, mit den Jahren eher noch zugenommen. Denn eine immer größere Anzahl kreativer Köpfe sorgt in der Hauptstadt für ein reiches Kulturleben, bei dem die Wahl der Abendgestaltung zum Problem wird – zu unerschöpflich sind die Möglichkeiten. Cafés und Restaurants ziehen zu jeder Tages- und Nachtzeit viele Lebenshungrige an – und das bei durchaus erschwinglichen Preisen, was andere Großstadtbewohner mitunter mit Neid auf Berlin blicken lässt. Und wie sehr in Berlin unterschiedliche religiöse, nationale und kulturelle Gemeinschaften ein großes Ganzes bilden, zeigt sich jedes Jahr beim Karneval der Kulturen. Doch die Stadt hat sich auch in anderer Hinsicht verändert. In kaum einem anderen Viertel zeigt sich das so deutlich wie in Prenzlauer Berg. Zu DDR-Zeiten ein Arbeiterviertel, fanden die vielen Zugezogenen hier günstigen Wohnraum. So wurde der einstmals heruntergekommene Bezirk regelrecht zu einem Magneten für viele Neu-Berliner: Erst wurden immer mehr Bars eröffnet, dann Geschäfte junger Designer – bis die früheren Einwohner in andere Bezirke abgewandert sind. Auch vielen Zugezogenen war das Viertel bald nicht mehr ursprünglich genug, sie zogen weiter nach Friedrichshain, Wedding, Kreuzberg – oder nach Neukölln, wo in den vergangenen Jahren zahlreiche Bars und Galerien entstanden sind, die begeisterte Kunstinteressierte anziehen. Doch auch dieser Kiez wird wahrscheinlich irgendwann wieder an Bedeutung verlieren, wenn seine Bewohner sich ein anderes Viertel erschließen. Denn Berlin ist eine Stadt, die sich täglich wandelt und verändert, und in der es deshalb auch jeden Tag Neues zu entdecken gibt.

Ein spannendes Potpourri von Künstlern, Designern, Galerien, Läden, Restaurants und Hotels möchte ich Ihnen in diesem Buch vorstellen. Entdecken Sie die Vielfalt Berlins in all seinen Facetten! Ich wünsche Ihnen dabei viel Vergnügen.

Herzliche Grüße,

Modestadt Berlin

Innerhalb von wenigen Jahren hat sich die Berliner Fashion Week als feste Größe unter den Modewochen der Welt etabliert, auf der die Sommer- und Wintertrends gesetzt und aktuelle Kollektionen der kommenden Saison vorgestellt werden. Neben einigen weltbekannten Marken sind es in Berlin vor allem junge deutsche Designer, die dort eine Plattform finden und auf sich aufmerksam machen. Die jüngsten Nachwuchstalente können sogar einen Preis gewinnen, der ihnen neben einer eigenen Show auf der nächsten Fashion Week auch Unterstützung beim Aufbau eines eigenen Labels zusichert. Eine große Erleichterung, denn die Konkurrenz wird härter – in regelmäßigen Abständen drängen die Absolventen der vielen Berliner Modeschulen auf den Markt. Die verhältnismäßig günstige Stadt ermöglicht ihnen, sich in Form von Ateliers und Modeläden selbst zu verwirklichen. In den vergangenen Jahren haben diesbezüglich unter anderen der Designer Sam Frenzel sowie die Labels Mongrels in Common und Perret Schad stark auf sich aufmerksam gemacht, die an ihre schnörkellosen Entwürfe zuerst einmal den Anspruch stellen, tragbar zu sein.

Gestützt wurde der Erfolg der Modewoche einerseits durch die gleichzeitig stattfindenden und

bereits etablierten Modemessen Premium und Bread & Butter, die am Gleisdreieck und im Flughafen Tempelhof Quartier bezogen haben, andererseits durch den hohen Status, den Berlin als Metropole genießt. Für die Welt ist Berlin wieder die Stadt der Avantgarde, eine Mischung aus elegant und trashig, aus konservativ und hip, bei der das gewisse Etwas nie fehlen darf und die Kenner der Modebranche aus der ganzen Welt fasziniert. Das führte auch dazu, dass die Unesco das kreative Potential der Stadt so hoch einschätzte, dass sie Berlin 2006 als erste deutsche Stadt zur „Stadt des Designs" kürte.

Einige Geschäfte, wie der Berlinomat im Stadtteil Friedrichshain, repräsentieren dieses kreative Potenzial wie kaum ein weiteres. Es gleicht mehr einem Showroom, in dem über 100 Designer ihre Kreationen vorstellen. Neben schlichter bis ausgefallener Mode führt es Schmuck, Sonnenbrillen und Möbel sowie Deko-Gegenstände aus Holz oder Beton. Ein weiteres Geschäft, das den Berliner Designern Rechnung trägt, ist Berlinerklamotten in den Hackeschen Höfen, das zahlreiche Modelabel unter einem Dach vereint.
Gerade die Gegend um die Hackeschen Höfe hat sich in den vergangenen Jahren zu einem wahren Mode-Hotspot entwickelt, wo junge Designer und Profis im Modegeschäft den Stil der Zeit präsentieren – auch wenn dieser Stil vielleicht auf jahrzehntelangen Traditionen aufbaut. Denn soziale Verantwortung und ökologisches Bewusstsein werden auch in der Mode immer wichtiger.
Und in den kreativen Ecken in Wedding, Kreuzberg, Neukölln und Friedrichshain entdeckt man ebenfalls zunehmend kleine Ateliers, in denen Designer zeichnen, schneidern, nähen und Stoffe bedrucken und ihre Arbeit nur unterbrechen, wenn ein Kunde den Laden betritt.
Auch wir zeigen Ihnen in diesem Band einige Könner, die ihre Stücke selbst entwerfen – egal ob Haute-Couture-Kleider, Leder- und Kindermode, T-Shirts oder Taschen. Auf einen großen Geldbeutel kommt es dabei gar nicht immer an, denn der Hauptstadt-Chic ist vor allem eins: eine Kombination – aus Alt und Neu, schick und lässig, dezent und farbenfroh.

bubble.kid berlin

bubble.kid berlin
Inhaber: Lene und Stefan König

Rosa-Luxemburg-Straße 7
10178 Berlin

Telefon 0 30 / 94 40 42 52
Telefax 0 30 / 94 40 42 53
www.bubblekid.de

Ein blaues T-Shirt mit einem Traktor drauf – diese Art von Kindermode fand Lene König in den Kindermodengeschäften vor, als ihr Sohn vor acht Jahren zur Welt kam. Das war der Kommunikationswissenschaftlerin und leidenschaftlichen Hobbyschneiderin entschieden zu langweilig. Sie, die sich selbst Kleidung schneiderte, nähte deshalb für ihren Sohn und schließlich für Kinder von Freundinnen. Als sie irgendwann auch für Kinder von Freundinnen von Freundinnen nähte, war die Idee für bubble.kid berlin geboren: ein eigenes Modelabel mit Ladengeschäft in Berlin Mitte. Bis zur Umsetzung dauerte es zwar noch zwei weitere Jahre, dafür stieg aber auch Lenes Bruder Stefan mit ins Geschäft ein und kümmert sich seither um den Online-Auftritt und den Vertrieb.

tragen, nicht nur hübsch und stylish aussehen, sondern auch rennen, hüpfen und klettern können. „Sonst bringt das schönste Kleid nichts", sagt Lene König, deren Sohn sich beim Stöbern im Laden sogar eine der Hosen zum Geburtstag gewünscht hat.

Wenn dieser Praxistest des sogenannten Prototyps erfolgreich verlaufen ist und Stefan König die neue Kollektion interessierten Kindermodegeschäften im In- und Ausland präsentiert hat, beginnt die Produktion. Dafür haben sich die Königs eine traditionsreiche Textilregion ausgesucht: die Oberlausitz. Mit zwei dort ansässigen Firmen arbeiten sie zusammen und helfen damit auch der Region ein bisschen auf die Sprünge, mit der es nach der Wende nach Aussage von Lene König ziemlich bergab ging.

Auch sonst ist den Königs Nachhaltigkeit wichtig: Zwar haben sie sich bisher gegen Biobaumwolle als Material entschieden – die Preise für ihre Kleidungsstücke würde ins Unermessliche steigen, und weil Kinder schnell aus ihren Kleidern herauswachsen, dürfen Hose oder Pulli nicht zu teuer sein –, dafür kaufen sie ihre Stoffe nur innerhalb der EU ein, wo für Anbau und Färben hohe Standards gelten. Damit ersparen sie sich und der Umwelt weite Transportwege und können den Kunden ein gutes Produkt garantieren.

bubble.kid berlin steht für trendbewusste Mode für Mädchen und Jungen von der Geburt bis zum siebten Lebensjahr: Hosen, T-Shirts, Pullis, Röcke, Jacken und Kleider, dazu Accessoires wie Babyschuhe, Lätzchen oder Tücher. Alles ist mehr oder weniger miteinander kombinierbar, sowohl farblich als auch stilistisch. Die Kollektionen, die zweimal im Jahr entworfen werden und auch eine thematische Aussage haben, gehen sogar farblich ineinander über. Das soll gewährleisten, dass eine größer gekaufte Jacke der letzten Saison auch zu einer Hose der jetzigen Kollektion passt. Bei alledem folgt Lene König trotzdem dem allgemeinen Trend.

Ob die Kleidung, die sie selbst entwirft und mit ihrem Team umsetzt, dann den Praxistest besteht, testet sie am Wochenende mit ihren – inzwischen – zwei Kindern, die mit Freunden und Freundinnen hin und wieder auch als Models posieren. Dabei kontrolliert Lene König, ob die Schrittweite stimmt oder irgendetwas zwickt. Schließlich sollen die Kinder, die bubble.kid berlin

14 oz. Berlin

14 oz. Berlin
Geschäftsführer und Inhaber: Karl-Heinz Müller

Neue Schönhauser Straße 13
10178 Berlin

Telefon 0 30 / 28 04 05 14
www.14oz-berlin.com
http://14oz-berlin.blogspot.com/

Im Juli 2008 feierte der ehemals Kölner Denim- und Urbanwear Store 14 oz. seine Wiedereröffnung in Berlin. „Wir haben hier wunderbare Geschäftsräume gefunden, und Berlin ist einfach eine tolle Stadt", sagt Inhaber Karl-Heinz Müller, der im Jahr 2003 die Modemesse Bread & Butter nach Berlin brachte. Jeans machen nach wie vor den Großteil der angebotenen Ware aus, und eine Hommage an den blauen Stoff stellt auch der Name des Geschäfts dar – „14 oz." bezeichnet das Standardmaß für Denim, aus dem Jeans hergestellt werden.

Neben Klassikern wie Levi's und Double RL finden sich unter anderem die aufstrebende, niederländische Marke Denham The Jeanmaker oder in Japan produzierte Marken wie PRPS. Andere Bereiche des Sortiments sind Menswear, Ladies Fashion, Outerwear, Schuhe und Sneakers sowie Accessoires. Bei der Auswahl legt Müller besonderen Wert auf qualitativ hochwertige, handwerklich fokussierte Marken mit starkem Profil. „Wir führen Marken, die auf ihrem Gebiet wirkliche Spezialisten sind, die für eine hochwertige Qualität stehen und die zudem nachhaltig und umweltverträglich produzieren. Das ist uns und unseren Kunden wichtig." Wirklichen Trends folgt Müller dabei nicht, denn es kommt „mehr auf den Stil an als auf den letzten Schrei". Ihm geht es in erster Linie um eine Garderobe, die den Träger lange begleitet. Die Produkte, die im 14 oz. verkauft werden, sind

maskulin orientiert – Männer bleiben zeitlosen Produkten beständiger treu als Frauen, für die eine sich saisonal verändernde, modische Komponente wichtig ist. Doch auch bei Frauen wird das Thema Heritage Brands zunehmend groß geschrieben. Dies zeigt sich bei der Nachfrage nach Boyfriend-Jeans, aber auch nach Parkas oder Jacken von Blauer und Woolrich oder nach Boots von Red Wing Shoes, Ludwig Reiter und Tricker's.

Neben seinem vielseitigen und hochwertigen Markenspektrum zeichnet sich das 14 oz. durch einen besonderen Service und Komfort für seine Kunden aus. Während des Einkaufs können Taschen und Mäntel in einem praktischen Locker Room in persönlichen Fächern aufbewahrt werden; zudem gibt es die Möglichkeit zum Private Shopping in einem individuell gestalteten Appartement im zweiten Stock des Gebäudes, dem 14 oz. 2nd floor.

Bei der Planung und Umsetzung des 14 oz. Stores legte Müller besonderen Wert auf die Erhaltung des besonderen Charakters und der Würde des historischen Gebäudes. „Ich habe eine Schwäche für denkmalgeschützte Bauwerke. Auch die Bread & Butter findet seit ihrer ersten Eröffnung in Berlin in historischen Gebäuden statt". Die Berliner Heimat des 14 oz. wurde um 1890 von Alfred Messel errichtet, der für den Bau der großen Wertheim-Warenhäuser bekannt ist. In der Vergangenheit war das Neo-Renaissance-Gebäude in der Neuen Schönhauser Straße 13 mit seiner verzierten Sandsteinfassade einmal ein Kaffeehaus, später eine Lesehalle; nach der Wende beherbergte es ein

italienisches Restaurant und heute ist es Standort des Einzelhandelgeschäfts 14 oz. Der Bezirk Mitte zählt heute zu den kreativsten Mode-Hotspots, und die Modemetropole Berlin hat sich weltweit als „Capital of Casual" etabliert – eine Entwicklung, zu der die Bread & Butter maßgeblich beigetragen hat. Das 14 oz. mit seiner Außenwirkung stellt somit die Visitenkarte der größten Modefachmesse im Urbanwear Bereich dar.
Das Interieur des Stores wurde komplett neu gestaltet und zeichnet sich, ebenso wie das authentische 14 oz. Markenportfolio, durch Hand-

werkskunst, Tradition und Liebe zum Detail aus. Der Großteil der Inneneinrichtung stammt vom Pariser Flohmarkt „Marché aux Puces": Karl-Heinz Müller erstand dort die Einrichtung des traditionsreichen Pariser Tuchhändlers Agabeyan & Frères, bei dem schon Coco Chanel und Yves Saint Laurent ihre Stoffe kauften. Stilvolle Elemente wie echte Art-Déco-Lampen runden das hochwertige Erscheinungsbild des Stores ab. „Ich bin viel herumgereist, um Möbel und Einrichtungsstücke zu finden, die zu diesem einzigartigen Gebäude passen. Es ist mir wichtig, dem Gebäude Respekt entgegenzubringen und dessen Seele zu bewahren", erklärt Müller die aufwändige Suche nach dem passenden Interieur. Ein besonderer und attraktiver Blickfang ist das 6 000 Liter fassende Meerwasseraquarium, das faszinierende Ohrenquallen und sogar eine eigene Nachzucht enthält. Zum Ladenlokal gehört im hinteren Bereich ein Vier-Jahreszeiten-Garten mit einer Holzterrasse und Sitzgelegenheiten, in dessen Mitte ein provenzalischer Springbrunnen plätschert. Karl-Heinz Müller: „Ich möchte, dass sich unsere Kunden hier wohlfühlen und ihre Zeit bei uns genießen."

Das Gesamtkonzept des 14 oz. und die Philosophie der einzelnen Marken entspricht dem wiedererwachten Bedürfnis vieler nach Werten wie Tradition, Qualitätsbewusstsein und Nachhaltigkeit. Und nicht nur die stetig wachsende Stammklientel ist begeistert – der Hauptverband des Deutschen Einzelhandels hat dem 14 oz. in der Kategorie Fashion den Preis „Store of the Year 2009" verliehen. Karl-Heinz Müller: „14 oz. steht für Qualität, Authentizität, Handwerk und besonderen Kundenservice. Für uns ist dieser Preis die Bestätigung, dass wir die Werte, die uns am Herzen liegen, im 14 oz. richtig umgesetzt haben."

Um die Produkte des Sortiments noch besser zu würdigen und die Kunden nuanciert über die Marken zu informieren, produziert das 14 oz. Berlin seit seinem Bestehen eine Reihe von hochwertigen Publikationen, in denen die einzelnen Marken detailliert vorgestellt werden. Dazu zählen neben Informationen zu den im Store erhältlichen Produkten auch Features zur Philosophie und Geschichte der Marken sowie zahlreiche Produktfotos und Modestrecken. Als Models fungieren Mitarbeiter des 14 oz. und der Bread & Butter sowie Karl-Heinz Müller selbst.

J.Büchner

J.Büchner
Inhaber: Jens Büchner

Rosa-Luxemburg-Straße 22
10178 Berlin

Telefon 0 30 / 20 05 92 29
Telefax 0 30 / 20 05 92 28
www.j-buechner.de

Jens Büchners „Reich der Mitte" ist alles andere als ein gewöhnlicher Blumenladen. Eine ruhige und klare Atmosphäre erfüllt das Geschäft. Und natürlich die Blumen, obgleich der kunterbunte Überfluss anderer Blumenläden fehlt. „Das hat mit Respekt vor der Blume zu tun", sagt der Inhaber.

Dieser Respekt zeigt sich auch in der Verpackung, in der die Blumen verschenkt werden können. Dafür lässt Jens Büchner in einer der ältesten Berliner Kartonagefabriken mattschwarze, edel

anmutende Kartons herstellen, in denen die Blumen – in feines weißes Seidenpapier gehüllt und mit Wasser versorgt – sogar deutschlandweit verschickt werden.

Die zarte Zurückhaltung spiegelt sich im asiatisch inspirierten Interieur des Geschäfts wieder. Ein Gong und Statuen, die zwischen den Blumen aufgestellt sind, aber auch große Bambusrohre, die bei Kunden als Dekorationselemente eingesetzt werden können, lassen den Zauber von Fernost anklingen. Solch große Dekor-Elemente führt Jens Büchner hauptsächlich für seine Stammkunden mit großen Räumlichkeiten, darunter Hotels wie das Adlon oder das Lux, außerdem Restaurants oder Einzelpersonen, wenn es im großen Rahmen etwas zu feiern gibt – zum Beispiel ein Jubiläum oder eine Hochzeit. Große Arrangements und andere Auftragsarbeiten für seine Stammkunden sind Büchners tägliches Geschäft, und hier beraten und kreieren er und sein Team mit viel Erfahrung und Liebe zum Detail. Aber auch Laufkunden werden fündig im Reich der Mitte. Da bieten sich zum Beispiel Orchideen in ausgefallenen Farbkombinationen wie Grün-Weiß oder Grün-Violett an, ein Kaktus in Gelb, Orange oder Rot, ein Gebinde von mit Hibiskusfruchtständen verbundenen Nelken in Dunkelrot und Violett oder auch einmal eine Vase oder Kerze. Denn natürlich führt das Geschäft auch alles, was zu Blumen dazugehört oder für eine angenehme Atmosphäre sorgt. Die Vasen und Töpfe sind in zurückhaltenden Farben und schlichten Formen gehalten. Jens Büchner geht es darum, dass ein Besucher in seinem Geschäft Ruhe findet und sich auf das Wesentliche konzentriert. „Weniger ist mehr", sagt er. Trotzdem gibt es eine reiche Auswahl, damit vom Foyer eines Unternehmens bis zum privaten Wohnzimmer alles bedient werden kann. Wichtig ist ihm, Blumen und Arrangements zu zeigen, die Kunden so noch nicht gesehen haben. Das darf entweder eine fleischfressende Pflanze mit riesigen Kannen sein oder „kleine Schönheiten" wie Moose oder Flechten, die Büchner im Garten in Szene setzt. In der warmen Jahreszeit führt der Inhaber gerne seine Kunden auch hierher, um an einem großzügigen Tisch, umrahmt von jungem Bambus, Zierahorn, Hortensien, zahlreichen Farnsorten und einem leise plätschernden Springbrunnen, die Beratungsgespräche zu führen. Eine Oase der Ruhe, ganz wie der Laden selbst, in der sich Mensch und Pflanze näher kommen können.

Burg & Schild

Burg & Schild
Inhaber: Shane Brandenburg, Kay Knipschild

Rosa-Luxemburg-Straße 3
10178 Berlin

Telefon 0 30 / 24 63 05 01
Telefax 0 30 / 27 89 09 67
www.burgundschild.com

Kleidung, die ihnen selbst gefällt, die sie selbst kaufen würden und für die sie selbst stehen – genau das wollten Shane Brandenburg und Kay Knipschild verkaufen. So gründeten sie 2007, mit jahrelanger Erfahrung in der Modebranche, den Männerladen Burg & Schild.

Der Name, ein Kürzel ihrer beider Nachnamen, drückt dabei genau das aus, was der Laden tatsächlich ist: Ein Laden von Männern für Männer, die bei ihrer Garderobe Wert auf Qualität und Tradition legen. Solche, die eine große Leidenschaft und Wertschätzung für ihre Kleidung besitzen und dabei wissen, dass sich eine Lederjacke erst nach zehnjähriger dauerhafter Nutzung richtig gut anfühlt, so die Inhaber.
Was bedeutet das konkret für das Angebot? Vintagestücke hängen neben Jeans, Arbeits-, Militär- oder Freizeitkleidung. Außerdem finden sich im Sortiment die originalgetreuen Reproduktionen alter, berühmter Flieger- und Bikerjacken, dazu gibt es Accessoires wie Sonnenbrillen oder Hüte. Außerdem führen Shane Brandenburg und Kay Knipschild Schuhe von Red Wing, für die sie eine Hausecke weiter inzwischen einen eigenen Laden eröffnet haben.
Fast immer war in den vergangenen drei Jahren einer der beiden Inhaber im Laden. Das sei auch wichtig, sagt Shane Brandenburg, denn sie wissen immer genau Bescheid über Lieferungen und

Shane Brandenburg und Kay Knipschild ist der enge Kontakt zu ihren Lieferanten wichtig. Dafür fliegen sie mehrmals im Jahr nach Schweden, Japan oder Kalifornien, wo sie zudem gern auf Flohmärkten stöbern, um Ideen, besondere Kleidungsstücke oder passende Details für die Dekoration des Ladens mitzubringen.

Denn nicht nur die Kleidung, auch der Laden selbst muss für sie passen. Deshalb war es eine Freude für Beide, als sie die Räume in der Rosa-Luxemburg-Straße unsaniert übernehmen konnten. Die Struktur der Wände haben sie belassen wie sie war – teilweise unverputzt; der Laden selbst wurde mit Materialien wie Holz, Stein oder Stahl ausgeschmückt. Oberstes Kriterium bei der Ausgestaltung: Der Laden muss sich leicht verändern lassen. Kästen und Kleiderständer sind deshalb auf Rollen montiert, und alle sechs Monate wird umgestellt. Zum einen, um mal ein anderes Gesamtbild zu erhalten, zum anderen benötigen sie hin und wieder einfach mal mehr Platz. Dann nämlich, wenn sie zusammen mit ihren Kunden und Freunden alte Filme anschauen oder Lesungen veranstalten, bei denen Kaffee, Bier oder – ganz stilecht Whiskey serviert wird.

Bestellungen und können zudem zu jedem Teil eine Geschichte erzählen. Gerade bei Jeans wollen die Kunden ganz oft wissen, wo sie herkommt, und sie berichten gerne davon, wer welche Naht und welche Niete als Erster wann und wo verarbeitet hat.

Red Wing Shoes

Red Wing Shoes
Inhaber: Shane Brandenburg, Kay Knipschild

Münzstraße 8
10178 Berlin

Telefon 0 30 / 28 49 37 03
www.redwing-berlin.de

Im September 2009 war es soweit: Shane Brandenburg und Kay Knipschild eröffneten in der Nähe des Burg & Schild den Red Wing Shoes Store, mit dem sie sich fast ausschließlich auf den Verkauf der Red-Wing-Schuhe beschränken: „Wir arbeiten seit zwei Jahren eng mit Red Wing Shoes zusammen und sind bei Burg & Schild an unsere Grenzen gestoßen. Die Nachfrage ist immens, mit dem Red Wing Shoes Store können wir die Marke endlich in ihrer Gesamtheit präsentieren", erklärt Shane Brandenburg.

Das Angebot umfasst über 60 Modelle der europäischen Heritage Lifestyle Kollektion, darunter Arbeitsschuh-Klassiker, Interpretationen von Archivstücken und exklusive Freizeitmodelle sowie amerikanische und japanische Sondereditionen. Zudem werden erstmals Modelle in kleinen Größen präsentiert, um auch weibliche Fans der Marke zu erreichen. Alle Schuhe werden seit 1905 unverändert in den USA von Hand gefertigt, und auch die im Shop erhältlichen Accessoires sind allesamt in den USA hergestellt worden. Egal ob Geldbeutel von Matsu, Hemden von Pendelton, Randolph-Sonnenbrillen oder Stetson-Hüte – sie harmonieren perfekt mit dem für die Red Wing Shoes typischen Look.

Dazu bieten die beiden den Service, alte Red Wings neu zu besohlen, und zwar mit Originalsohlen. Diese beziehen sie direkt beim Hersteller, ein Berliner Schuhmacher kümmert sich um den Rest. Es gibt aber auch Kunden, die diesen Service nicht in Anspruch nehmen, sondern mit ihren alten Red Wings in den Laden kommen und mit einem neuen Paar wieder gehen – und ihre abgetragenen Treter einfach dalassen. Als Dekoration finden sich vereinzelt Modelle ausgetretener Red Wings im Regal, die mancher Kunde sogar schon kaufen wollte. Dem Hersteller in Red Wing, Minnessota, gefiel das Konzept von Shane Brandenburg und Kay Knipschild ausgesprochen gut. Deshalb ließ er den beiden in vielen Dingen freie Hand. So agiert das Duo zwar als offizieller Lizenznehmer der Marke Red Wing Shoes, das Geschäft konnten die beiden aber in Eigenregie konzipieren und gestalten. Es sollte zum einen praktisch sein: Große Schubladen und ein deckenhohes Regal, auf dem zahlreiche Red Wings Platz finden, sind zu diesem Zweck genial arrangiert. Zum anderen – und vor allem – sollte es aber zur Marke passen. Deshalb verwendeten die beiden für die Einrichtung hauptsächlich geschweißten Stahl, das Holz eines ehemaligen Tanzbodens und Red-Wing-Leder für Tresen und Sitzbank. Gleich hinter der Eingangstür ließen sie zudem ein Logo in Beton gießen, das einem Original-Gullideckel in Red Wing nachempfunden ist. „Berlin, Germany" durfte als zusätzliche Inschrift allerdings nicht fehlen. Und an der Wand hängen Fotos von Steve McQueen, Jack Nicholson und Bob Dylan in ihren Red Wings, die sie bei einem Berlin Trip bestimmt genau hier gekauft hätten.

a propos

a propos
Inhaberin: Branka Vieten

Dircksenstraße 42–44
10178 Berlin

Telefon 0 30 / 97 00 55 60
Telefax 0 30 / 97 00 51 80

Kleine Serien sind das Spezialgebiet von Branka Vieten. Diese bezieht sie vor allem von ausgewählten kleinen Manufakturen aus Italien, zu deren Inhabern sie einen persönlichen Kontakt pflegt. Kleine Serien, ausgewählte Manufakturen – wir sprechen hier von hochwertig verarbeiteten Taschen für die trendbewusste Dame von heute.

„Es muss einfach etwas Besonderes sein", sagt die engagierte Inhaberin, die ihren Laden am Hackeschen Markt und damit in Berlins bester Lage platziert hat. Die Kroatin ist der Liebe wegen nach Deutschland gekommen und hat ihren mediterranen, geschmackvoll modischen Stil, der mutig mit Farben spielt, mitgebracht. Neben sachlichen Taschen in feinem Leder fallen im Sortiment von a propos bestens verarbeitete Wendetaschen auf. Da ist zum Beispiel die Außenseite in schwarzem

Glattleder, die Innenseite in rotem Wildleder gefertigt. Aber mit ein paar Handgriffen wird die Innen- zur Außenseite und umgekehrt. Diese Taschen sind in vielen verschiedenen, verrückten oder ruhigen Farbkombinationen bei a propos zu finden. Es gibt auch Taschen, deren Form sich mit ein paar Knöpfen kreativ und interessant verändern lässt. Zwar mag die Tasche ausnahmsweise in einer dezenten Farbe gehalten sein, aber sie wird mit verschiedenfarbigen Griffen geliefert. Je nach persönlichem Auftritt bietet sich die eine oder die andere Farbe an. Kurzerhand ausgetauscht verändert sich sofort der Gesamteindruck des guten Stücks, das einen komplett neuen Look zeigt. Das betrifft auch die Accessoires wie Gürtel, Tücher, Schals, Handschuhe, Kappen, Mützen oder ausgewählte Schmuckstücke, die sie ebenfalls führt. Ihre Kundinnen – von der Studentin bis zur Rechtsanwältin – lieben diesen Ausdruck

einer gelassenen und fröhlichen Lebensart, der immer chic, vor allem aber unverwechselbar ist. Es sind die kleinen Erlebnisse, die Branka Vieten so sehr schätzt: Zum Beispiel wenn sie in den Augen ihrer Kundinnen bemerkt, wie sehr diese von den Stücken fasziniert und begeistert sind, die sie selbst so sensibel und treffsicher ausgewählt hat. Da ist es unerheblich, wenn noch einmal ein Latte Macchiato vor der großen oder auch einer kleinen Entscheidung getrunken werden muss. Saison für Saison wird die Stammkundschaft zahlreicher. Das ist auch der Grund, weshalb Branka Vieten im September 2010 ihr zweites a-propos-Geschäft in der Friedrichstraße 127 eröffnet hat. Die vis-à-vis des Tacheles gelegene Filiale ist sicher schon vielen Revue-Besuchern des Friedrichstadtpalastes beim abendlichen Flanieren aufgefallen, und wenn auch nur wegen der geschmackvoll dezenten Schaufenstergestaltung.

Crazy Walk

Crazy Walk
Inhaberin: Marcella Kahn

Alte Schönhauser Straße 50
10119 Berlin

Telefon 0 30 / 20 14 39 30
Telefax 0 30 / 20 14 39 31
www.crazy-walk.com

Marcella Kahn wollte einen Schuhladen, der anders ist. Und der Schuhe führt, die es vorher in Berlin nirgendwo zu kaufen gab. Sie führt in ihrem Crazy Walk nun Stiefel, Pumps, Sandalen und Flipflops aus Spanien, Portugal und Italien, je nach Jahreszeit von der einen Sorte ein bisschen mehr oder weniger. Die Schuhe, ausnahmslos Lederschuhe deren reiche Details meist in liebevoller Handarbeit gefertigt werden, sind alle ziemlich bunt, aber nicht nur das: Sie sind geblümt, gestanzt, mit Rosen bestickt, in Schlangenlederoptik geprägt, mit Löwenzahnblüten oder wahlweise der Pusteblume bedruckt, mit Kalkstein bearbeitet; sie sind netzartig gestaltet oder mit Bändern verziert, geflochten, gelasert, haben verschlungene Absätze oder Sohlen in Gras-Optik.

Das Kriterium für sie war einfach: Die Schuhe sollten anders sein. Und damit konnte sie schon den einen oder anderen Prominenten als Kunden gewinnen, zum Beispiel Q Ladraa, früherer Juror bei Germany's Next Topmodel.

Genauso wichtig wie das Anderssein ist ihr jedoch die Bequemlichkeit der Schuhe. Und die testet sie am eigenen Fuß. Marcella Kahn hat nämlich Schuhgröße 37, in der Schuhe üblicherweise auf Messen präsentiert werden. Sie kann also alle anprobieren – was sie auch tut. Einen Schuh, der nicht bequem ist, irgendwo drückt oder zwickt,

möchte sie nicht verkaufen – denn sie möchte ihn auch selbst nicht anziehen. Sie schaut eher nach Schuhen, die sie so gerne trägt, dass sie damit auch problemlos einen Tag im Laden stehen kann. Die Schuhe haben schließlich ihren Preis, da muss der Kunde auch ein entsprechendes Produkt erwarten können. Für solche Schuhe war dann – neben der Internetseite mit dem Online-Shop – auch ein besonderer Laden vonnöten. Denn in herkömmlichen Regalen würden diese gar nicht zur Geltung kommen, sagt Marcella Kahn. Mit viel Liebe hat sie deshalb das Crazy Walk gestaltet, und prompt war das Geschäft schon Schauplatz für „Gute Zeiten, schlechte Zeiten": Knallgrüne Wände kontrastieren mit viel Holz und Ästen, auf denen ein Großteil der Schuhe ausgestellt ist. Andere stehen auf dem großen Tisch in der Mitte des Raums. Aber nicht irgendwie, nein, sie sind sozusagen „angerichtet": auf Tellern, direkt zum Probieren; Messer und Gabel liegen auch schon bereit. Das Konzept für den Laden mit der außergewöhnlichen Innenausstattung basiert auf Marcella Kahns Ideen und damit wurde ihr und den Kunden so etwas wie ein gemütliches Wohnzimmer geschaffen. Und dieses passt für sie perfekt zur Gegend, denn auch die sei ja „ein bisschen verrückt" – da passe sie mit ihren Schuhen gut rein. Und wer selber gerne ein wenig verrückt durchs Leben gehen will, findet bei Crazy Walk das richtige Schuhwerk dazu!

Blick Richtung Potsdamer Platz und Berlin Mitte

Goldschmiede Claudia Bätge

Goldschmiede Claudia Bätge
Inhaberin: Claudia Bätge

Kollwitzstraße 44
10405 Berlin

Telefon 0 30 / 4 45 33 13
Telefax 0 30 / 4 45 33 13
www.claudiabaetge.com

Für sie ist das allerdings fast mehr Vergnügen als Arbeit. Und oft hat sie Glück – der Metalldetektor piepst, und sie beginnt, nach Gold zu graben. Auch Saphire hat sie schon gefunden und nach Deutschland mitgebracht. Diese Steine, wie auch alle anderen Steine oder Perlen, verarbeitet sie in ihrem Atelier im Stadtteil Prenzlauer Berg kunstvoll zu Schmuckstücken aller Art: Ketten, Ringe, Ohrringe oder Armreifen. Ausgestellt werden die Werke in gläsernen Vitrinen vor großen Gemälden, für die ebenfalls ihr Partner, ein in Australien anerkannter Künstler, verantwortlich zeichnet.

Am liebsten sucht Claudia Bätge ihre Edelsteine und ihr Gold selbst. Zusammen mit ihrem australischen Lebenspartner macht sie sich deshalb alle zwei Jahre auf den Weg nach Australien, um im Busch fernab jeglicher Zivilisation nach Gold zu suchen.

Neben den Steinen hat auch ein weiteres Markenzeichen von Claudia Bätge seinen Ursprung in Australien: Schmuckstücke auf Basis der Teebaumrinde. Ein Aboriginee überreichte ihr einst auf einer ihrer Reisen einige Baumrindenstücke des für ihn heiligen Baums. Wieder in Deutschland nutzte Claudia Bätge die Rinde des bei uns vor allem für seine Öle bekannten Baums für ihre Kunst. Sie fertige Abdrücke an, goss sie in Gold und Silber und schuf so Ringe und Armreifen, die die Schönheit der Natur auf besondere Weise einfangen und manchmal mit farbigen Steinen, Perlen oder ungeschliffenen Diamanten verziert werden.

Grundsätzlich lässt sich Claudia Bätge vor allem von der Natur inspirieren und verwendet am liebsten naturbelassene Steine oder Perlen, beispielsweise aus der Südsee. Auch Bernstein, uralte Glasperlen, versteinerte Palmherzen und Fundstücke verarbeitet sie. Was sie mit dem Rohmaterial macht, entscheidet sie immer wieder neu. Sie möchte keiner vorgegebenen Linie folgen oder sich einer bestimmten Stilrichtung verschreiben, indem sie immer das gleiche Material verarbeitet oder immer ähnliche Schmuckstücke herstellt. Ihr gefällt der Mix, und viele der alten und neuen Kunden spricht gerade das sehr an. Bei verschiedenen nationalen und internationalen Wettbewerben erhielt sie Preise und Auszeichnungen für ihre Arbeiten. Im japanischen Kobe verlieh man ihr als erster deutscher Frau und erster Ausländerin für einen Lotus-Ring aus Gold und Akojaperlen den Preis des 27. international pearl design contest. „Das war eine schöne Bestätigung", sagt Claudia Bätge, die bereits seit über 20 Jahren als selbstständige Goldschmiedin arbeitet. An den Wettbewerben nimmt sie übrigens aus purem Spaß teil. Immer wird ein Thema vorgegeben und eventuell auch ein Stein, der verarbeitet werden soll – dann aber sind der Kreativität der Goldschmiedin keine Grenzen mehr gesetzt.

Maison la Provence

Maison la Provence
Inhaberin: Antje Seeck

Knaackstraße 76
10435 Berlin

Telefon 0 30 / 86 20 07 37
Telefax 0 30 / 86 20 07 37
www.maison-la-provence.de

Im Jahr 1997 fing alles an: Antje Seeck und ihr Mann befanden sich auf ihrer – leicht verspäteten – Hochzeitsreise in die Provence und verlebten die ersten von vielen weiteren Urlaubstagen im Süden unseres französischen Nachbarlandes. Zwar war es von dort bis zu einem eigenen Geschäft noch weit mehr als ein einzelner Schritt, aber offensichtlich doch nur eine Frage der Zeit.

Sechs Jahre lang betrieb Antje Seeck daraufhin ein kleines Spezialitätengeschäft im brandenburgischen Rheinsberg, bevor sie ihren Berliner Kunden näher kommen wollte und deshalb im November 2009 im belebten Stadtteil Prenzlauer Berg das Maison la Provence eröffnete. Zwischen Kulturbrauerei und Kollwitzplatz erwartet Frankreichliebhaber in drei Räumen eine große Bandbreite französischer Produkte: Marmelade, Honig, Tee, Kosmetik, Bücher, Stoffe – um nur einiges von dem zu nennen, was dem Besucher ins Auge springt. Die meisten dieser Produkte kommen nach wie vor aus der Provence – von dort also, wo alles begann – doch nicht nur das: Viele Kunden tragen vielfältigste Wünsche bei Antje Seeck vor, und so führt diese mittlerweile neben französischer Belletristik auch Bücher über die französische Küche, Stoffe aus dem Elsass, Wein – natürlich auch aus Bordeaux – und Fleur de Sel aus der Bretagne. Die Marmeladen wiederum bezieht sie aus einer kleinen Behindertenwerkstatt aus dem Herzen der Provence, dem Luberon. Diese regionale Offenheit vervollkommnet die Palette der Angebote, die übrigens auf Regalen präsentiert werden, die Antje Seecks Mann in seiner Freizeit baut. Ein Ende seiner Tätigkeit ist im

Moment nicht abzusehen, denn das Sortiment wird regelmäßig erweitert; dann, wenn sie nach einem Frankreichtrip oder dem Besuch einer französischen Messe wieder zurück im heimischen Laden ist. Auf jedem Markt und in jedem Geschäft sei sie unterwegs, so die begeisterte Händlerin, immer auf der Suche nach ganz speziellen Dingen. Neu im Sortiment ist zum Beispiel Nougat mit kandierten Blüten oder grünen Oliven, den sie auch in Frankreich kürzlich zum ersten Mal gesehen und gekostet hat. Probieren kann man einige Produkte übrigens auch gleich im in den Laden integrierten Café. Das war Antje Seecks großes Anliegen, für das sie in Rheinsberg aber nicht genug Platz hatte. Genießer können sich jetzt also einen richtig guten Café au Lait gönnen, eine heiße Schokolade mit Zimt- oder Mandelgeschmack bestellen oder vielleicht auch einen Sirup genießen, während sie sich im Geiste in den französischen Süden versetzen; im Sommer geht das auch draußen auf der Terrasse.

Charleston House Berlin

Charleston House Berlin
Inhaberin: Tamara Freifrau von Mueffling

Wörther Straße 20
10405 Berlin

Telefon 0 30 / 44 04 36 41
Telefax 0 30 / 4 42 64 33
www.charleston-berlin.de

„Kurz mal in Berlin wohnen" – das Charleston House hält, was es verspricht. In 14 liebevoll eingerichteten Apartments können Berlin-Reisende sich wie zu Hause fühlen.

Die 14 Wohnungen liegen im ruhigen Hinterhaus eines schönen Gründerzeitbaus mitten im Szeneviertel Prenzlauer Berg. In den stilvoll eingerichteten Apartments mit kleiner Küche, Bad, Fernseher und WLAN finden bis zu drei Personen Platz. Die entspannte Atmosphäre des Hauses genießt man am besten im Garten am plätschernden Brunnen; einige Wohnungen haben sogar eine eigene, üppig eingewachsene Terrasse. Das zuvorkommende Personal legt Wert auf eine persönliche Betreuung der Gäste und erfüllt gern große und kleine Anliegen: Als Willkommensgruß erwartet die Gäste Tee, Kaffee mit Gebäck und – auf Wunsch – ein Fahrrad, um Berlin auf dem Drahtesel zu erkunden. Von Theaterkarten und Babysitter über Tipps für Stadtunternehmungen bis zu Ausgehtipps im Kiez bleiben keine Wünsche offen. „Auch ausländische Gäste, die in einer fremden Stadt und ohne Kenntnisse der deutschen Sprache unterwegs sind, sollen sich bei uns gut aufgehoben fühlen", sagt die Inhaberin Tamara Freifrau von Mueffling. Wer seinen Aufenthalt direkt beim Charleston House bucht, bekommt ein kleines Frühstück mit Brötchen, Croissant, Ei, Marmelade, Butter, Honig, Kaffee oder Tee direkt ins Apartment geliefert.

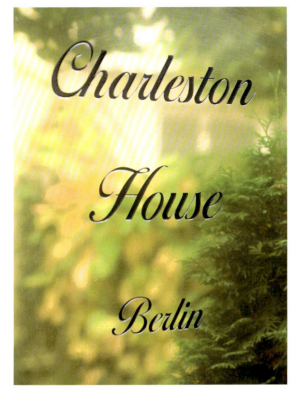

Charleston House
Berlin

CAMP4

CAMP4 HandelsGmbH
Geschäftsführer: Mathias Hascher, Anke Kunst, Andreas Hille

Karl-Marx-Allee 32
10178 Berlin

Telefon 0 30 / 2 42 66 34
Telefax 0 30 / 2 42 32 21
www.camp4.de

Wer einen Aktiv-Trip oder eine weite Reise plant, sollte davor im Camp4 vorbeischauen. Der erste Outdoor- und Bergsportladen im Osten Berlins, den es bereits seit 1991 gibt, hat sich auf die Fahne geschrieben, „alles zu führen, was zum Reisen und Draußensein notwendig ist", sagt Geschäftsführer Mathias Hascher.

Dazu zählt Bergsportausrüstung, mit der das Geschäft groß geworden ist, außerdem Rucksäcke, Schlafsäcke, Schuhe, Zelte, Faltboote und Outdoor-Kleidung für Jedermann – von der Funktionsunterwäsche bis zur wasserdichten Thermojacke. Dabei ist es egal, ob es sich bei der geplanten Unternehmung um eine Wanderung in der Mark Brandenburg oder eine Everest-Expedition handelt! Seit die Zahl der ladeneigenen Kinder zugenommen hat, hat sich entsprechend auch das Angebot an Kindersachen erhöht, das betrifft vor allem Fleecejacken, Rucksäcke oder Regenkleidung. Für die größeren Kunden gibt es außerdem Zubehör wie Taschenmesser, Taschenlampen und Gaskocher.

Ein großes Plus bei Camp4 ist die Beratung – denn hier arbeiten nur Leute, die selbst in der Natur unterwegs sind und über einschlägige Kompetenz verfügen. Innerhalb des Teams gibt es sogar Spezialisierungen, aber letztendlich verfügt jeder Verkäufer zu allen Themen über ein großes Fachwissen und nimmt sich viel Zeit für die Kunden. Mit ziemlicher Sicherheit war einer der Mitarbeiter auch schon mal in der Region oder in dem Land, in das man selbst gerne reisen möchte, sodass er auch

Tipps geben kann, wo es sich besonders gut wandern, paddeln oder bergsteigen lässt. Dazu gibt es eine gut bestückte Abteilung mit Reiseliteratur, die von einem promovierten Geographen betreut wird.

Die kompetente Beratung sei die Daseinsberechtigung für Camp4, sagt Hascher, der schon seit 17 Jahren dabei ist. „Sonst könnten die Kunden auch zu einem Großanbieter fahren". Aber dem Camp4-Team liegt nicht nur deshalb an der intensiven Beratung. Denn die Ausrüstung bietet unterwegs schließlich neben Komfort auch Sicherheit und das nicht nur beim Klettern! „Raus, aber richtig" – das ist das Motto in Camp4.

Viel Platz wird den Zelten eingeräumt. Im zweiten Raum des Geschäfts sind das ganze Jahr über zahlreiche Zelte auf- und ausgestellt, damit der Kunde später zu Hause nicht nur Stäbe und Plane aus einer Tasche zieht, sondern auch gleich weiß, wie das entsprechende Zelt aussehen soll und ob es seinen Bedürfnissen gerecht wird. Sollte ihm eines gefallen, das in der Ausstellung nicht präsentiert ist, stellen die Mitarbeiter auch das auf – so sieht der Kunde zudem, worauf er beim späteren Aufbau zu achten hat. Es ist sogar gewünscht, dass Kunden nicht nur Anschauen, sondern auch Anfassen und Anprobieren. Das gilt natürlich für die riesige Auswahl an Bekleidung und Schlafsäcken, Wander- und Kletterschuhen, aber auch für die Rucksäcke. Diese sind praktischerweise alle mit rund 15 Kilogramm gefüllt, damit der Träger den optimalen Sitz unter Realbedingungen testen kann. So kann der Kunde mit gutem Gewissen seine Ausrüstung zusammenstellen und sich auf das Wesentliche, ob Reise, Tour oder Ausflug, freuen. Denn darauf kommt es an.

ZiB – Zeit in Berlin

ZiB – Zeit in Berlin
Geschäftsführer: Peter Schulze

Propststraße 1
10178 Berlin

Telefon 0 30 / 40 00 65 56
Telefax 0 30 / 40 00 65 53
www.zib-uhrenatelier.de

Schneller, schneller, immer neuer und noch trendiger und moderner – in diesen turbulenten Zeiten wächst die Sehnsucht nach beständigen Werten, mehr Sicherheit und den Dingen der „alten" Zeit. Deshalb erfüllte sich Peter Schulze einen lang gehegten Lebenstraum und gründete im malerisch geschichtsträchtigen Nikolaiviertel beim Roten Rathaus sein kleines Uhrenatelier „Zeit in Berlin", kurz ZiB, indem er nicht nur die Jahrhunderte alte Tradition des Handwerks weiterführt, sondern seine eigene individuelle Kollektion entwirft und verkauft.

Als Liebhaber der klassischen Uhrmacherkunst kommen für ihn in der Verarbeitung nur mechanische Uhrwerke in Frage. „Mechanische Uhren unterstreichen nicht nur den persönlichen Stil, sondern sind gleichzeitig Schmuckstück am Handgelenk, da sie mit ihrem filigranen und faszinierenden Zusammenspiel von unzähligen Zahnrädern, Hebeln und Federn begeistern", so Schulze. Unterstützt von seiner Frau kümmert sich Peter Schulze um sämtliche Belange von Konzeption, Produktion und Distribution. In Deutschland werden Gehäuse, Zifferblatt, Saphirgläser und andere Einzelteile der zukünftigen Uhr hergestellt, aus der Schweiz oder Deutschland kommt das Rohuhrwerk. Dieses wird in aufwendiger Handarbeit mit viel Liebe zum Detail veredelt. Je nach Modell werden hierfür Brücken geschliffen und graviert, Schrauben und Stahlteile über der Flamme gebläut, vergoldet oder altversilbert sowie Unruhekloben perliert oder graviert. Jede Uhr erhält nach ihrem Zusammenbau einen hochwertigen Saphirglasboden, damit der Blick in das kostbare Innere der Einzelstücke nicht verborgen bleibt. Herausforderung des Kunsthandwerks ist für Peter Schulze die Fertigung skelettierter Uhrenunikate. Hierzu sägt er manuell Brücken, Platinen, Zifferblätter und gegebenenfalls auch Rotoren so aus, dass möglichst wenig Rohmaterial übrig bleibt und das Uhrwerk so filigran wie möglich erscheint. Je nach Modell braucht er dafür bis zu 80 Stunden. Jede Uhr, die der Uhrmacher herstellt, erhält das Prädikat „Made in Berlin" und existiert in ihrer Zusammenstellung und Fertigungsweise entweder als Unikat oder in geringen Stückzahlen.

In seinem Atelier kann man Peter Schulze auch beim Arbeiten über die Schulter blicken und dabei viele interessante Dinge rund um das Handwerk und die Mechanik einer Uhr erfahren.

„ZiB – Zeit in Berlin" – steht nicht nur für den Herstellungsort. Es ist eine Uhrenmarke für Liebhaber der klassischen Uhrmacherkunst und Genießer, die sich in unserer Hauptstadt nicht nur vom turbulenten Treiben mitreißen lassen, sondern auch Zeit finden, die kleinen Kunstwerke im Alltag wahrzunehmen, sich an ihnen zu erfreuen und sich Zeit nehmen, um zu verweilen.

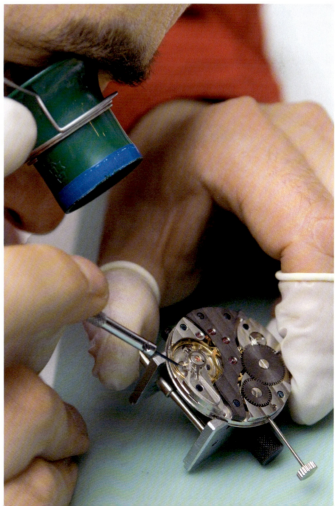

pantinchen

pantinchen
Inhaberin: Clea Stanischewsky

Pücklerstraße 19
10997 Berlin

Telefon 0 30 / 81 86 59 08
Telefax 0 30 / 81 86 59 07
www.pantinchen.de

Gutes Schuhwerk ist wichtig, so hieß es in Clea Stanischewskys Familie schon immer. So verwendete sie selbst viel Zeit und Mühe darauf, für ihr Kind gute Schuhe zu finden. Immer wieder von anderen Müttern auf die guten Kinderschuhe angesprochen, erkannte Clea Stanischewsky, dass anderen Qualität genauso wichtig war wie ihr. Ihre ausgeprägte Leidenschaft für das Außergewöhnliche und qualitativ Hochwertige war für die Archäologin die grundlegendste Voraussetzung und Motivation zugleich, als sie sich im Jahre 2009 mit ihrem Schuhgeschäft pantinchen selbstständig machte.

Clea Stanischewsky bietet in ihrem ansprechend gestalteten Ladengeschäft modisch schlicht geschnittene und gut verarbeitete Schuhe bis Größe 41 an, die nachhaltig produziert werden. Denn ihr ist wichtig, dass die Schuhe einem gewissen ökologischen Anspruch gerecht werden. So sind die meisten Modelle aus pflanzlich gegerbtem Leder hergestellt, bei dem keine Schwermetalle freigesetzt werden. Zudem werden fast alle ausschließlich in Europa produziert. Einige Winterschuhmodelle bezieht sie zum Beispiel speziell von einem Betrieb in Österreich, der aus

einem ehemaligen Sozialprojekt hervorgegangen ist. Die Schuhe – egal ob fest und robust, fein genäht oder leicht wie Ballerinas – müssen für Clea Stanischewsky in erster Linie bequem sein und trotzdem etwas aushalten können. Denn Kinder sollen sich schließlich frei bewegen und bei Bedarf auch mal klettern können. Wenn dabei etwas kaputtgeht, ist es übrigens „halb so wild", denn bei den verfügbaren Schuhen lässt sich fast alles reparieren: der Klettverschluss, die Sohle, die Innensohle, die Schnallen. Das ist vor allem für Familien mit mehreren Kindern wichtig, falls ein Geschwisterchen die gleichen „Pantinchen" eventuell noch einmal tragen wird – natürlich ausgebessert, wenn es nötig sein sollte.

Ein großer ehemaliger Waschtisch, auf dem die Seifenlauge ihre Spuren hinterlassen hat, dient als Präsentationsfläche für die Schuhe. Hier ist jedes Modell in der kleinsten Größe aufgestellt, das in jeder anderen Schuhgröße aus dem Lager gereicht werden kann. Clea Stanischewsky ist es wichtig, Eltern und Kinder nicht mit einer großen Menge an Schuhen sich selbst zu überlassen. Sie nimmt sich viel Zeit, um eine umfassende Beratung geben zu können. In ihrem schlicht gestalteten Laden ist außerdem viel Platz für ihre großen und kleinen Kunden, sodass sie sich frei bewegen können, um den Sitz der Schuhe zu erspüren und zu kontrollieren.

Natürlich wird bei pantinchen jeder Fuß und jeder Schuh gemessen – auch die Gebrauchten, wenn Eltern sich unsicher sind, ob die Größe noch passt. Doch an erster Stelle stehen Einfühlungsvermögen, detaillierte Beratung und Gelassenheit bei der Anprobe der Schuhe. Pantinchen das war übrigens der Name des Ladens, aus dem Clea Stanischewsky selbst als Kind ihre eigenen Schuhe bekam. Seit langem versucht sie, die damalige Besitzerin ausfindig zu machen, wenn auch bisher ohne Erfolg. Als kleine Hommage nannte sie ihren Laden deshalb aber fast genauso – nur das kleine „p" am Anfang macht den Unterschied.

Leder Dago Engler

Leder Dago Engler
Inhaber: Dago Engler

Bergmannstraße 90
10961 Berlin

Telefon 0 30 / 6 91 37 52
Telefax 0 30 / 6 94 26 08

Als er noch jünger war, wollte Dago Engler viel Geld verdienen – wie wohl jeder. Eine Ausbildung zum Koch brachte ihn seinem Ziel zunächst aber nicht näher, sie war seiner Meinung nach sogar „das vollkommen Falsche".

Denn zu dieser Zeit hatte er bereits Erfahrung im Verkauf gesammelt und viel Spaß daran gefunden. Zudem sei er nie ein guter Koch gewesen, sagt er, obwohl er sogar im Feinschmeckerlokal des KaDeWe gearbeitet hat. Trotzdem: Eine spannende Zeit war es dennoch für ihn, denn während seiner Ausbildung machte er in verschiedenen Berliner Clubs Karriere als DJ Dago und wurde oft auf der Straße von Fans um Autogramme gebeten. Zu seinem Erfolg mögen vielleicht auch seine ausgefallenen Frisuren – bunt gefärbte und toupierte Haare – beigetragen haben.

Doch eines Tages hatte Dago Engler von all dem genug: Er lieh sich rund 20 000 Mark von einer Bank und eröffnete in der Bergmannstraße 90 eine kleine Lederhandlung. Das war vor gut 30 Jahren. Inzwischen dienen ihm einige der Wohnungen des Hauses als Lager für zahllose Ledersorten, die ihm

hauptsächlich aus Italien, Frankreich oder Indien geliefert werden: Leder vom Kalb, vom Schwein, von der Ziege, vom Fisch, vom Krokodil, vom Rind, vom Schaf – um nur einen Bruchteil des Angebots hier zu nennen. Dago Engler ist heute Großhändler für Leder aller Art, in jeder nur erdenklichen Farbe – neben Schwarz und Braun auch Gelb, Orange, Rot, Fuchsia, Blau, Türkis, Grau oder Giftgrün, dazu kommen unzählige Schattierungen, Bearbeitungen und Prägungen. Das Leder kann auf Wunsch gelackt sein oder geflochten, in Kroko- oder Schlangenoptik geprägt. Für Innenfutter von Schuhen oder Jacken gibt es außerdem verschiedene Felle zur Auswahl.

Die tüchtigen Mitarbeiter, die Dago Engler zur Seite stehen, falten oder rollen die neu angekommene Ware, beschriften sie, stapeln Rollen und Häute entsprechend des Leders, der Farbe oder der Verarbeitung übersichtlich in die deckenhohen Regale. Jeden Morgen werden die Luftentfeuchter, mit denen jeder einzelne Lagerraum bestückt ist und die die Luftfeuchtigkeit in den Räumen unter 60 Prozent halten, geleert – das Leder würde sonst schimmeln. Gut 10 Liter Wasser haben sich über Nacht gesammelt.

Dago Engler beschäftigt zudem mehrere Außendienstmitarbeiter, die die unterschiedlichen Leder rund 1 000 Betrieben vor Ort in Deutschland, Österreich und der Schweiz anbieten. Seine Kunden können alle Muster prüfen und sich persönlich von der Qualität des Produkts überzeugen. Der Schwerpunkt von Dago Englers Ledergroßhandel liegt auf Schuhleder für den orthopädischen Bereich. Seine Leder sind ohne Zusatzstoffe gegerbt, zertifiziert und auf Schadstoffe geprüft: Wesentlich für alle Orthopäden, die für ihre Kun-

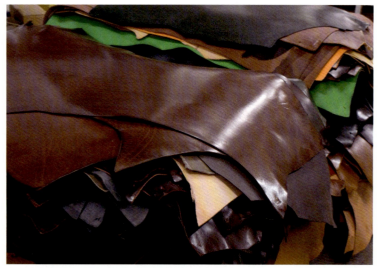

den – vielfach mit offenen Verletzungen am Fuß oder Bein – optimale Lösungen erarbeiten. Auf Wunsch unterzieht Dago Engler sein Leder deshalb auch schon mal einem Allergietest.

Zu seinen Geschäftspartnern zählt der Leder-Designer Daniel Rodan, mit dem ihn mittlerweile eine enge Freundschaft verbindet. Zwar schreckte Rodan anfänglich vor den hohen Lederpreisen zurück, aber auch ihn überzeugte schon bald die Qualität des Materials. Auch Großaufträge von Theatern und Opern, darunter die Häuser in Leipzig und Stuttgart oder der Berliner Friedrichstadtpalast, sind für den Fachmann kein Problem. Für Kostüme sei Leder praktisch, sagt Dago Engler, denn es knittere nicht wie Stoff und sei insgesamt langlebiger. So gibt es auch etliche Fernsehproduktionsfirmen, die ihre Tatortermittler gerne mit Engler-Leder ausstatten. Und kürzlich flatterte sogar ein Auftrag der Stofftiermarke Steiff ins Haus.

Egal, ob es sich um den Schreibtisch von Gerhard Schröder oder den von Angela Merkel, die mit Leder bespannte Türen für die Suiten des Hotel de Rome, die Boxsäcke der Klitschko-Brüder, den Fahrstuhl eines saudiarabischen Scheichs, oder besonders poppiges Leder für Fans von Technoevents handelt – Dago Engler ist zur Stelle und beliefert einzelne Kunden mit derselben Professionalität wie den Groß- und Einzelhandel. Denn schließlich ist es egal, ob ein Kunde ein Sofa, eine Jacke oder einen Lederbikini möchte – für alle Wünsche gibt es das richtige Leder, in der richtigen Qualität und in der richtigen Farbe im Sortiment. Großflächiges Leder, zum Beispiel vom Rind, dient eher als Leder für Möbel, Kuhhalsleder wird gerne für Gürtel verwendet, Kalbsleder für Schuhe, und Felle für Winterstiefel. Dago Engler berät und beliefert alle, die dieses wertvolle Material nach allen Regeln der Kunst zu verarbeiten verstehen. Als einziges „Fertigprodukt" kann man in seinem Geschäft Gürtel erstehen, aus Vollrindleder in vielen Farben und Stärken, auf Maß zugeschnitten.

Jedes Jahr im Sommer finden sich zum traditionellen Grillfest Mitarbeiter, Kunden und Freunde aus ganz Europa im Hof des Hauses in der Bergmannstraße zusammen – für Dago Engler einer seiner wichtigsten Termine im Jahr. Denn die eigene Begeisterung und den eigenen Erfolg zu teilen gehören für ihn wesentlich dazu.

Icke & Friends

Icke & Friends
Inhaber: Marcus und Christopher Hertel

Bergmannstraße 90
10961 Berlin

Telefon 0 30 / 60 93 66 69
www.ickeandfriends.de

Icke & Friends – das sind die Graffiti-Sprüher Marcus, Christopher, Paul und Thor. Vor fünf Jahren beschlossen sie, triste Betonwände gegen T- und Sweatshirts einzutauschen und mit Pinseln zu bemalen. Daraus entstand der Berliner Textildruck-Shop mit eigenem Streetwear-Label, das zum Angesagtesten gehört, was Deutschlands Hauptstadt derzeit zu bieten hat – und das sie alle mit Vorliebe selbst tragen.

Noch mit den ersten fertigen Shirts und den ersten maltechnischen Experimenten beschäftigt, ersteigerten sie eine Siebdruckmaschine aus München, die sie für ihre Eigenproduktion nutzen wollten. In einer Garage wurden erstmalig T-Shirts, aber auch ganz große Leinwände

bedruckt. Die Ergebnisse gefielen nicht nur ihnen selbst; auch von Freunden und Bekannten erhielten sie für ihre Shirts großen Zuspruch und waren mit ihrem ausgefallenen Sortiment bald etablierter Anlaufpunkt auf dem Flohmarkt am Mauerpark. Erst im Dezember 2009 eröffneten die vier Textilkünstler ihr eigenes Geschäft. Mit dem festen Standort in der Bergmannstraße, für dessen Ausgestaltung die Jungunternehmer von der Einrichtung und der Wandverzierung bis hin zu den Schriftzügen an den Schaufenstern alles selbst entworfen haben, erweiterten sich ihre Möglichkeiten und ihr Repertoire noch einmal deutlich. Icke & Friends bieten nun alles, was man zur kreativen Textilgestaltung braucht: Siebdruck, Airbrush, Plotten, Pinselauftrag, Digitaldruck und Transferdruck. „Wir legen großen Wert darauf, dass der Kunde das bekommt, was er möchte", sagt Inhaber Marcus Hertel. Daher hängen unbedruckte T-Shirts in allen Größen und Farben im Laden, darüber zahlreiche mögliche Aufdrucke: Bilder, Logos, Buchstaben, Designs.

Das Team hat für die individuellen Wünsche der Kundschaft immer eine Lösung parat. Die Grafiker Paul und Thor unterstützen beim Erarbeiten und Entwickeln all jener Ideen, die an Icke & Friends herangetragen werden, bis das fertige Produkt gefällt. Je besser der Kunde über die Vorgehensweise und die Möglichkeiten von Material und Drucktechnik informiert ist, desto einfacher wird die Ausarbeitung. Deshalb ist ein Kundengespräch intensiv und für alle Seiten inspirierend zugleich. Zu ungewöhnlichen Ideen wird auch von hier aus unermüdlich nach Motiven recherchiert. Sobald die ersten Entwürfe bestehen, werden diese per E-Mail an den Kunden zur weiteren Abstimmung verschickt. Icke & Friends präsentieren auf rund 100 Quadratmetern Ausstellungsfläche aber nicht nur eigene Entwürfe, sondern auch die von befreundeten Künstlern und Designern. Gerne gekauft werden T-Shirts mit Engelsflügeln oder mit aufgedruckten Sprüchen wie „Hetz mich nicht" oder „Is mir egal, ich lass das jetzt so". Von Icke & Friends selbst stammt der unvergleichliche Spruch „Ich schmeiß hin und werd Prinzessin". Dazu kommt selbstgemachter Schmuck, zum Beispiel Anhänger mit Würfeln, Muscheln, Sprühdosencaps oder ihrem Logo-Maskottchen, dem Icke-Affen mit der Sprühdose.

Lunamaro

Lunamaro
Inhaber: Amaro Hubert Wieser

Bergmannstraße 105
10961 Berlin

Telefon 0 30 / 69 40 13 97
Telefax 0 30 / 69 40 13 98
www.lunamaro.de

Sredzkistraße 34 / Ecke Husemannstraße
10435 Berlin

Telefon 0 30 / 44 03 98 35

Das Lunamaro nimmt den Besucher in seinen Bann, bevor man das eigentliche Geschäft überhaupt betreten hat. Denn schon auf dem Gehweg bekommt man einen kleinen Vorgeschmack auf das, was einen drinnen erwartet: Tische und Stühle für Terrasse und Garten, Sitzmatten in sommerlichen Farben, dazu Vasen, Töpfe und Windlichter.

Die Dekoration begleitet den Besucher von der belebten Bergmannstraße bis in den ruhigen Innenhof und damit hinein in eine andere Welt. Denn auch der hübsche Hof ist geschmückt mit Tischen, Töpfen, Vasen und Hängematten – und zwar bei jedem Wetter. Ein tüchtiger Helfer

braucht dafür jeden Tag bis zu zwei Stunden, bis alles steht und hängt.
Inhaber Amaro betrieb in Berlin anfangs eine Lederwerkstatt um die Ecke des heutigen Geschäfts. Als der Hof mit Atelier frei wurde zog Amaro Wieser mit ein paar Mitstreitern in die Bergmannstraße. Von dem ehemaligen Gemeinschaftsprojekt ist heute nur noch er mit seinem Lunamaro übrig. Seine Leidenschaft zu Textilien, die mit Sicherheit auch von seiner Ausbildung zum Textilgesellen in Österreich herrührt, hat sich allerdings schon zu Zeiten der Lederwerkstatt gezeigt. Bereits in den 1980er Jahren führte er neben dem Leder auch immer Hängematten, sodass er inzwischen als Fachgeschäft gelten kann.
Seine leuchtend bunte Ware bezieht er dabei in allen Größen und Formen aus der Wiege der Hängematte, nämlich aus Südamerika. Durch seine lange Erfahrung hat Amaro Wieser gute Kontakte nach Kolumbien, Brasilien und El Salvador und kann wunderschöne Originale zum Kauf anbieten.

Was mit dem Schwerpunkt auf Leder und Textilien begann, ist heute ein bunter Mix aus Textilien, Möbeln und Dekoartikeln. Dem Kunden eröffnet sich beim Betreten eine farbenfrohe Welt, durchwoben von exotischen Düften und fremden musikalischen Klängen. Die Reise beginnt zwischen Taschen, Postkarten, Schalen, Tassen, Bilderrahmen, Lampen, Lampions, Geldbeuteln, Armreifen, Schränken, Hängematten auch für Babys, Saris und Türknäufen aus Indien. Denn seit Amaro vor fünf Jahren mit seiner Tochter Mora zum ersten Mal in Indien war, ist er von der Kultur und Lebensweise noch mehr angetan als zuvor. Das gilt auch für Sohn Uengha, der im Lunamaro genauso wie sechs weitere Mitarbeiter den Kunden mit Rat und Tat zur Seite steht. Der zweite Raum ist, noch mehr als der erste, von Lichtquellen aller Art bestimmt. Viele Lampen kommen aus Marokko, andere wiederum, häufig versilbert und gemustert, aus Ägypten oder Indien. Eine schöne Atmosphäre ist dem Inhaber wichtig. Vor allem in der kalten Jahreszeit stehen deshalb Lampen und Lichter im

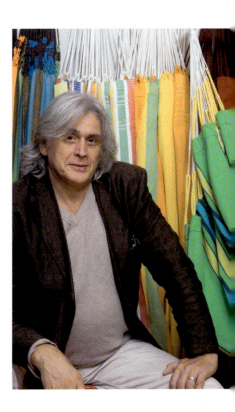

Vordergrund, während der Schwerpunkt im Sommer auf Gartenmöbeln und Hängematten liegt. Im Winter gibt es außerdem vermehrt Textilien wie Kissen, Decken, Bettwäsche und Morgenmäntel, Teppiche aus Anatolien und zahlreiche Kerzen fürs Wohlgefühl. Die Textilien sind häufig drapiert auf Holzschränken, Sitzbänken, Truhen oder Regalen aus Indien, deren besonderes Merkmal es ist, dass in das Holz zur Verzierung bunte Fließen eingesetzt wurden. Solche Möbel schaut sich der Inhaber gerne persönlich vor Ort an und lässt sie auch dort, wenn nötig, ausbessern, bevor sie den langen Weg in Richtung Berlin antreten. So behalten die Möbel garantiert ihren originalen Charme. Da im Lunamaro nur ein Bruchteil dieser Kostbarkeiten Platz findet, hat Wieser unweit des Geschäfts noch einen Showroom für größere Stücke, wie Schränke, Tische und Bänke. Andere Produkte kauft er auf Messen in Paris, Frankfurt, Mailand und grundsätzlich überall da, wo anspruchsvolle Wohnaccessoires vertrieben werden – und zwar völlig „absichtslos", wie er sagt. Er holt sich eben das, was ihm gefällt, und sieht das Lunamaro wie „sein erweitertes Wohnzimmer", in dem sich verschiedene Stile mischen. Denn auch der dritte Raum ist angefüllt mit Decken und Kissen aus Österreich oder Schmuck wie Buttons, Ketten und Steinen. Außerdem hat hier die Musik ihren Ursprung, die im ganzen Laden zu hören ist und für angenehme Stimmung sorgt: Sampler von Putamayo, die für ihre pfiffigen Zusammenstellungen von Musik aus aller Welt bekannt sind: egal ob afrikanische Rhythmen, Latin-Hits, arabische Popmusik, Tango oder bekanntere Klänge aus Italien und Frankreich – ein bunter Mix, passend zur Einrichtung des Lunamaro.

Über die Jahre ist die Vielfalt der Artikel so groß geworden, dass die drei Räume schon lange nicht mehr genug Platz bieten. 2006 eröffnete Amaro Wieser daher noch ein weiteres Geschäft, in der Sredzkistraße in Prenzlauer Berg. Hier liegt jedoch der Schwerpunkt eindeutig auf Textilien der bewährten Marken Bassetti aus Italien und David Fussenegger aus Österreich. Das junge, internationale Publikum in Prenzlauer Berg muss aber keinesfalls auf die Farben und exotischen Kleinigkeiten verzichten. Denn die Fülle ist auch hier, wie im Stammhaus, einzigartig.

Neptunbrunnen, Berlin Mitte

Kunst und Kultur

Schon die Zahlen sind beeindruckend: Berlin verfügt über drei Opernhäuser, mehr als 150 Theater und Bühnen, mehr als 180 Sammlungen und Museen, Hunderte Galerien, 130 Kinos und zahlreiche weitere kulturelle Einrichtungen, von denen wir nur wenige werden nennen können. Kein Wunder also, dass Berliner und Besucher aus einem umfangreichen kulturellen Programm auswählen können – und zwar jeden Tag. Von der klassischen Hochkultur bis zur manchmal versteckten Off-Kultur wird alles geboten.

Bei den Bühnen reicht das Angebot von der klassischen Oper über die Traditionstheater, Boulevardbühnen, Musicals und Varietés bis zum Experimentiertheater. Eine große und treue Anhängerschaft finden zudem Kreative, die sich etwas Besonderes einfallen lassen. So gibt es im Wedding die Theater-Serie „Gutes Wedding, schlechtes Wedding", die in der Dramatik an eine ähnlich lautende Fernsehserie anknüpft. Oder eine Stofftier-Soap, bei der zwei Darsteller ihre Stofftiere alle Probleme durchleben lassen, die man in Berlin so hat – eingebettet in das aktuelle Tagesgeschehen.

In den vergangenen zehn Jahren ist in Berlin zudem eine Kunstszene entstanden, die Anziehungskraft weit über Deutschland hinaus besitzt. Vor allem viele Franzosen haben den Weg in die Hauptstadt gefunden, da Berlin billiger ist als Paris, und damit ihre Arbeitsbedingungen weitaus besser sind. Ein Ausgangspunkt dieser Entwicklung und Beginn der zunehmenden Wertschätzung für zeitgenössische Kunst war der Umbau des ehemaligen Hamburger Bahnhofs zum Museum für Gegenwart, wo die Sammlungen von Erich Marx und Friedrich Christian Flick seit Jahren die Besucher erfreuen.

Klassischer geht es auf der Museumsinsel zu. Auf engstem Raum sind hier gleich fünf Museen zu finden, die zeigen, dass Kunst und Kultur in Berlin wirklich mittendrin sind – zwischen dem Bode- und dem Pergamonmuseum mit seinem berühmten Altar rauschen in kurzen Abständen S-Bahnen und Züge vorbei und holen teilweise antike Skulpturen mit einem Schlag in die Gegenwart. Und seit die Büste der Nofretete im Neuen Museum eine neue Heimat gefunden hat, ist die Insel um eine weitere Attraktion reicher.

Doch Berlins Museen konzentrieren sich nicht nur auf einen kleinen Bereich im Zentrum der Stadt. Das Jüdische Museum in Kreuzberg zieht seit 2001 schon aufgrund seiner faszinierenden Architektur zahlreiche Besucher an. Und wer sich für Fotografie interessiert, kommt am C/O Berlin nicht mehr vorbei. Dieses hat sich im alten Postfuhramt an der Oranienburger Straße innerhalb kurzer Zeit einen festen Platz in der Museums- und Ausstellungslandschaft geschaffen, bevor es 2011 in den nahe gelegenen Monbijou-Park umziehen musste. In dessen unmittelbarer Nähe ist eine junge Galerienszene herangewachsen, die international viel Aufsehen erregt, und eine ähnliche Szene, aber noch jünger und unkonventioneller, hat sich vor wenigen Jahren im In-Kiez Kreuzkölln gebildet. Denn selbst wenn es viele etablierte Häuser kulturellen Schaffens in Berlin gibt – der Großteil der Stadt ist immer in Bewegung.

Koreanisches Kulturzentrum

Koreanisches Kulturzentrum
Kulturabteilung der Botschaft der Republik Korea
Leiter: Gesandter-Botschaftsrat Byung Koo Kang

Leipziger Platz 3
10117 Berlin

Telefon 0 30 / 26 95 20
Telefax 0 30 / 26 95 21 34
www.kulturkorea.de

Der deutschen Öffentlichkeit die koreanische Kultur nahebringen und Anlaufstelle sein für in Deutschland lebende Koreaner – das sind die Ziele des Koreanischen Kulturzentrums am Leipziger Platz. Das Zentrum ist also eine Begegnungsstätte, die Kontakte zwischen Koreanern und Deutschen initiiert und fördert, und gleichzeitig ein Ort der Kulturvermittlung, an dem Kunstausstellungen, Konzerte, Kinoabende oder Lesungen stattfinden. Darüber hinaus bietet es ein abwechslungsreiches Kursangebot und unterstützt Sport-, Kultur- und Tourismus-Veranstaltungen mit koreanischer Beteiligung.

Wer das Kulturzentrum betritt, trifft im Erdgeschoss auf eine Ausstellung von traditionellem Kunsthandwerk aus Korea. Dazu zählen zum Beispiel die Bongsan-Masken aus Papier und ausgehöhltem Kürbis, die mit Federn, Tierfellen, Leder, Erde, Bambus und anderen Materialien verziert werden. Oder Gefäße aus Dattel- oder Ahornholz, die von Mönchen in buddhistischen Tempeln zum Essen verwendet wurden. Oder traditionelle Musikinstrumente, die häufig aus Bambus mit Saiten aus Seide gefertigt waren sowie fein gearbeitete Lacktruhen mit Perlmutintarsien, die jede Frau früher verwendete, um ihre kosmetischen Artikel sowie Kämme oder Haarnadeln aufzubewahren. Auch Männer nutzten die kleinen Truhen, für kosmetische Produkte. Im Gegensatz zu den sehr farbenfrohen und prächtigen Toilettenkästchen der Frauen waren ihre jedoch eher schlicht gearbeitet. Außerdem finden sich in den Vitrinen

Zierdolche, die sowohl als Schmuck als auch zur Selbstverteidigung dienten, Messing- und Tongefäße, Seladonkeramiken, Haarschmuck und Kopfbedeckungen sowie Utensilien für die Kalligrafie, die ebenfalls die Schönheit der traditionellen koreanischen Kultur zeigen. Unter diesen genannten Exponaten finden sich viele Stücke, die von sogenannten Immateriellen Kulturgütern gefertigt wurden. Das sind Künstler, die von der koreanischen Regierung seit Jahrzehnten dafür bezahlt werden, dass sie ein jahrhundertealtes Handwerk in seiner authentischen Form bewahren und an die Nachwelt weitergeben. Historische Publikationen deutscher Autoren über Korea und Texte des koreanischen Autors Mirok Li, der in den 1950er Jahren durch seine Veröffentlichung der autobiografisch geprägten Erzählung „Der Yalu fließt" in deutscher Sprache bekannt wurde, bezeugen den vor langer Zeit begonnenen Austausch zwischen Korea und Deutschland und beschließen die Ausstellung im Erdgeschoss. Über eine Treppe gelangt man daraufhin in die weiträumig gestaltete zweite Etage. Hier steht das moderne Korea im Vordergrund. In der interaktiven Dauerausstellung erfährt der Besucher viel über den koreanischen Alltag, und Korea-Kenner werden das ein oder andere wiedererkennen. Zum Beispiel das koreanische Freizeitverhalten, das anhand von zahlreichen Fotos von Clubs, Sportveranstaltung und Garküchen dargestellt ist. Oder die Atmosphäre auf den koreanischen Straßen, die durch viele großformatige

Abbildungen vermittelt wird. Videoaufzeichnungen von Interviews über das Deutschlandbild der Koreaner sowie über das Koreabild der Deutschen tragen viel zum gegenseitigen Verständnis bei, und eine Darstellung koreanischer Familientraditionen ist ebenfalls sehr aufschlussreich.
Nach der Dauerausstellung biegt man in einen langen Gang ein und merkt, wie lebendig es an dessen Ende zugeht. Davor befindet sich noch eine Leseecke für Kinder mit Bilderbüchern, Comics und Sachbüchern, eine Bibliothek für Erwachsene, die auch gerne von Koreanistik-Studenten genutzt wird, sowie ein Lese- und Multimediaraum. Hier können die Besucher ausführlich in Büchern und Magazinen stöbern oder an einem der Computerarbeitsplätze im Internet surfen. Bücher, CDs und DVDs können auch ausgeliehen werden. Wer jedoch die Filme lieber auf der großen Leinwand sehen will, dem sei der Kinoraum des Kulturzentrums mit seinen rot-blauen Ledersesseln empfohlen. Hier finden regelmäßig Filmabende des Zentrums statt, an denen eine repräsentative und bunte Mischung aktueller koreanischer Filme gezeigt wird. Wer möchte, kann jedoch nach Voranmeldung und ab einer Mindestanzahl von drei Personen auch während der Öffnungszeiten des Zentrums einen Film anschauen. Die Auswahl ist groß und reicht vom Thriller über den Art-House-Film bis zur romantischen Serie. Die meisten Filme sind Englisch oder Koreanisch untertitelt – perfekt für Leute, die ihre Kenntnisse der koreanischen Sprache vertiefen möchten.

Wer die Sprache erst noch lernen will, dem stehen am Ende des Ganges zwei Seminarräume zur Verfügung, in denen Koreanisch-Kurse bis zur Mittelstufe angeboten werden. Aber nicht nur das: Neben Sprachkursen bietet das Kulturinstitut Kurse in Kalligrafie, zum Erlernen der traditionellen Instrumente Gayageum (eine zwölfsaitige Zither), Sogeum (eine kleine Bambusquerflöte) und Daegeum (eine große Bambusquerflöte), sowie koreanische Yogakurse an. Das Angebot erstreckt sich auf Workshops aus den unterschiedlichsten kulturellen Bereichen wie Tanz oder Kalligrafie, die von eigens aus Korea angereisten Experten geleitet werden. Darüber hinaus gibt es ein Besuchsprogramm für Kitas und Schulen, das den Kindern und Schülern einen allgemeinen Eindruck von dem Land Korea vermittelt und ihnen verschiedene Aspekte der koreanischen Kultur vorstellt. „Denn man kann nicht früh genug anfangen, Kinder für eine fremde Kultur zu begeistern", sagt Jongmin Lee vom Kulturzentrum.
Wer diese Begeisterung bereits in sich trägt, ist in der „Galerie Korea" gegenüber den Seminarräumen gut aufgehoben. Sie ist regelmäßiger Treffpunkt für Kulturinteressierte, die an den Vernissagen und Konzerten des Kulturzentrums teilnehmen. Etwa einmal im Monat präsentieren Künstler Kunst aus Korea oder mit Korea-Bezug, und im Rahmen der Konzerte wird im Kulturzentrum sowohl westliche Klassik als auch zeitgenössische oder traditionelle Musik aus Korea vorgestellt.

Adlon Day Spa

Adlon Day Spa

Behrenstraße 72
10117 Berlin

Telefon 0 30 / 3 01 11 72 00
Telefax 0 30 / 3 01 11 72 70
www.adlon-day-spa.de

Schon beim Hereinkommen umhüllt das stilvolle Interieur des Adlon Day Spa den Gast wie eine weiche Kaschmirdecke. In dem mit einem Kamin gestalteten Willkommensbereich erhält er zunächst ein weiches Paar Slipper sowie eine Tasse Tee oder ein kühles Erfrischungsgetränk. „Ankommen" lautet das Motto im Adlon Day Spa und zwar ohne Kompromisse.

Dazu soll auch das minimalistische Design der Innenarchitektin Anne Maria Jagdfeld beitragen, die jeden Raum mit Lichtwänden aus Alabaster, gekälkten Eichenhölzern, Marmor und handgefertigten Tapeten gestaltet und mit orientalischen Schmuckelementen dekoriert hat. In diesem Rahmen bietet das Adlon Day Spa auf rund 900 Quadratmetern hochwertige Gesichts- und Körperbehandlungen, einen Aveda Friseur, Massagen und Beauty-Programme, die sowohl auf traditionellen Schönheitsritualen basieren als auch auf kosmetischer High-Tech-Forschung.

Alle Behandlungsräume und Suiten sind mit einer Umkleidekabine direkt im Raum ausgestattet, um den Gästen ein Höchstmaß an Privatsphäre zu bieten. Die Suiten und Signature Kabinen verfügen außerdem über eine Badewanne oder einen Yacuzzi, eine Dusche mit integriertem Dampfbad

oder eine Sauna. In diesen Kabinen hat der Gast die Wahl zwischen Behandlungen mit speziellen Produkten, Körperpeelings oder Massagen aus aller Welt. Hier können Gäste beispielsweise zwischen einer klassischen schwedischen Massage, einer balinesischen Massage sowie einer Lomi-Lomi-Tempelmassage wählen, um nur einige zu nennen. Für den eiligen Gast wurden sogar spezielle „On the run"-Behandlungen kreiert, die nie länger als eine Stunde dauern, da sie immer von zwei Therapeuten gleichzeitig durchgeführt werden.

Konzipiert werden die Behandlungen von einem eigens engagierten Treatment-Manager, der sich neben den Schulungen der international erfahrenen Therapeuten um die Kreation der für die Behandlungen verwendeten Öle kümmert. Diese werden in der speziell eingerichteten Ölküche des Adlon Day Spa auf Basis der fünf Elemente Holz, Feuer, Wasser, Erde und Metall aus der chinesischen Medizin hergestellt, die Grundlage für Harmonie und seelisches Wohlbefinden sind. Der Gast darf an den verschiedenen Extrakten riechen und sich dann für eine Kombination entscheiden.

Über die Anwendungen hinaus steht den Gästen auch ein Yogaraum zur Verfügung, der für individuelle Trainingseinheiten ohne oder mit persönlichem Trainer genutzt werden kann. Dafür geht das Spa Partnerschaften mit externen Experten ein, die in ihrer Branche als die besten gelten, allen voran der indische Yoga-Experte Vijay Vyas.

Perfekt abgerundet wird das Wohlfühlangebot durch eine leichte und schmackhafte Küche aus dem benachbarten uma Restaurant. Fruchtige Cocktails, die sich ebenfalls an den fünf Elementen orientieren, sorgen darüber hinaus für die ideale Erfrischung, um den Aufenthalt im Adlon Day Spa so angenehm wie möglich zu gestalten.

m·a·o·a restaurantloungebar

m·a·o·a restaurantloungebar
Inhaber: Heinrich Käfer

Leipziger Platz 8
10117 Berlin

Telefon 0 30 / 22 48 80 87
Telefax 0 30 / 22 48 88 70
www.maoa.de

Lassen wir das köstlich klingende à la carte-Essen bei einem ersten Besuch im maoa mal links liegen – denn der kulinarische Höhepunkt im „modern art of asia" sind die Menüs.

Der Gast hat die Wahl zwischen der „einmaligen" und der „unendlichen vielfalt", die er sich an einem langen Buffet, dem so genannten Foodmarkt, selbst zusammenstellen kann. Dazu nimmt er sich eine weiße Porzellanschüssel und schlendert an besagtem Buffet entlang, das mit zahlreichen rohen Zutaten bestückt ist. Angefangen mit rund 30 Gemüsesorten, darunter Rotkraut, Auberginen, Pak-Choi, Weißkohl, Mangold, Blumenkohl, Pilze, Karotten, Paprika, grüne Erbsen und Staudensellerie, geht es weiter mit über 15 anderen Zutaten wie Knoblauch, roten oder grünen Chilis, Tofu, Kerbel, Radieschensprossen, Linsensprossen (diese sind teilweise in BIO-Qualität), getrockneten Bananen, Kokosflocken, Ingwer oder Rosinen, bis hin zur Fleisch- und Fischtheke. Dort gibt es natürlich – mundgerecht zubereitet – Stücke von Rind, Pute, Lamm, Garnelen und Muscheln – aber auch Exotisches wie Känguruh, Strauß, Zebra, Krokodil oder Süßlippe. „Was der Tagesmarkt bietet, haben wir auch hier", sagt Inhaber Heinrich Käfer. Je nach Nachfrage ändert sich das Angebot sogar im Laufe eines Abends. „Das liegt daran, dass bei uns wirklich alles frisch auf den Tisch kommt". Zusammen mit einem kleinen Tablett, auf dem die Tisch- und Platznummer markiert ist, übergibt der Gast dann seine Schüssel voller Köstlichkei-

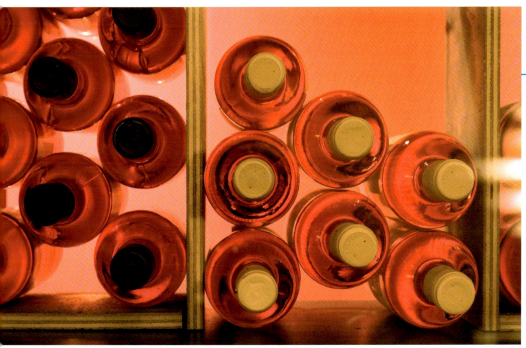

ten den Köchen. Diese garen auf Wok-ähnlichen Grillplatten das individuell zusammengestellte Gericht. Wenn der Gast nicht an seinem Platz auf das fertige Mahl, das ihm selbstverständlich serviert wird, warten möchte, kann er dem Koch zuschauen. Denn die Grillplatten, wie auch fast die gesamte Küche, befinden sich hinter Glas, sodass man direkt am Küchengeschehen teilhaben kann. „Transparenz war mir wichtig bei dem Konzept", sagt Käfer. 24 Essen können unter den Augen der faszinierten Gäste gleichzeitig zubereitet werden – jedes bunter und kreativer zusammengestellt als das andere. Dazu tragen auch die verschiedenen Marinaden bei – wie die leicht fruchtige Marinade aus Brombeeren und Sake, die cremige aus Zitronengras und Wasabi oder die Ingwer-Orangen-Marinade mit Sesam. Dazu gibt es die „Marinade des Monats", in der jeweils saisonale Produkte verarbeitet werden – im Frühling zum Beispiel Spargel und Bärlauch. Dank der Vielfalt an Marinaden – und der zahlreichen Speisen – bietet sich dem Gast ein breites Spektrum an möglichen Gerichten. Allerdings nur, wenn er das Menü „unbegrenzt" wählt. Sonst ist nach einem einzelnen Besuch am Foodmarkt Schluss. Für die Wähler des unbegrenzten Menüs dagegen – was sich bei dem geringen Aufpreis durchaus anbietet – steht der Foodmarkt immer offen und lädt so ein, alle möglichen Kombinationen und Speisen auszuprobieren. Alles ist frisch und wird auch frisch zubereitet, denn Heinrich Käfer mag nichts weniger als „Essen aus der Dose, Farbstoffe und Glutamat". Sogar das Brot, von dem es drei verschiedene Sorten gibt, wird von einem Bäcker extra gebacken, bevor es im maoa mit einem Sweet-Chili-Dip gereicht wird. Dazu gibt es Wein aus dem für jedermann sichtbaren, begehbaren Weinschrank, in dem Weine unter anderem aus Deutschland, Italien, Frankreich, Australien und Südafrika bereitstehen und von dem jeder Wein, bis auf einen einzigen, auch glasweise ausgeschenkt wird. Ein Segen für Wenig-Trinker. Unter Rubriken wie „gerste & co.", „heiß und innig", „wässer der welt", oder „edel & gemixt" bietet die umfangreiche Karte darüber hinaus noch viele

andere Getränke. Diese können natürlich auch in der Lounge oder an der Bar getrunken werden. Der Foodmarkt ist jedoch zweifellos das Herzstück des maoa. Aber das Restaurant hat noch mehr zu bieten. Neben der Bar und der Lounge im vorderen Bereich schließen sich an den zentralen Teil mit dem Foodmarkt noch zwei Lounges und ein weiterer Essbereich an, der bereits wieder an die rückwärtige Straße grenzt. Deren breiter Gehweg wird – ebenso wie der Leipziger Platz – vom m·a·o·a im Sommer gern als Terrasse genutzt. Trotz seiner Größe, die sich durch die gesamte Tiefe des Gebäudes erklärt, wirkt das Lokal nie riesig, denn es ist durch unterschiedliche Möblierung und dezente Farben in dunklem Holz, dunklem Rot und beigen Lederbänken stilvoll in seine verschiedenen Bereiche unterteilt. „Mir war an einem modernen Design gelegen, das zu unserer asiatischen Küche passt. Und gemütlich sollte es auch sein", erklärt Käfer die Einrichtung. Viele Kerzen tauchen die Tische in mildes Licht und schaffen zusammen mit frischen Blumen eine entspannte, angenehme Atmosphäre.

Kleinere Gruppen buchen gerne das an den Foodmarkt angrenzende Separee, in dem ein Flachbildschirm von Tagungsgästen bei Bedarf als Projektor genutzt werden kann. Ansonsten dient der Fernseher, dank einer in der Küche installierten Kamera eher dazu, den Köchen bei ihrer Arbeit zuzuschauen – damit auch den Gästen im „Cube" nichts von dem Spektakel im m·a·o·a entgeht.

Gabriele Restaurant

Gabriele Restaurant

Behrenstraße 72
10117 Berlin

Telefon 0 30 / 20 62 86 10
Telefax 0 30 / 3 01 11 71 75
www.gabriele-restaurant.de

Eine gehobene italienische Küche, die von der harmonischen Komposition der edlen Zutaten bestimmt wird – das bietet das auf der Südseite des Hotel Adlon gelegene Gabriele Restaurant.

Ganz besonders wichtig sind in dem Lokal die Unverfälschtheit der Produkte und die Authentizität der Gerichte, die Einflüssen von den Alpen bis zur Stiefelspitze der italienischen Halbinsel unterliegen. So gibt es als Vorspeise Klassiker wie Insalata Caprese mit Büffelmozzarella oder Carpaccio mit Rinderfilet, Rucola und Parmesan, als ersten Gang zum Beispiel Risotto di Sepia oder Tortelloni von geräuchertem Mozzarella und als Hauptgang beispielsweise Kalbskotelett Milanese mit grünem Spargel und Thymianjus oder Kabeljau mit Romanesco und Kaviar. Zum Abschluss dürfen ein Tiramisu mit Blaubeersorbet oder sizilianische Cannoli von Ricotta und Zitrone mit Himbeeren und Pflaumengelee nicht fehlen. Unabhängig von den eigenen Vorlieben sind die Gerichte klar strukturiert und bestechen durch ihre intensiven Aromen. Passend dazu werden edle Tropfen aus verschiedenen Regionen Italiens serviert.
Doch nicht nur die Küche präsentiert eine harmonische Verbindung aus Eleganz und Heiterkeit: Das Ambiente des Restaurants, einem italienischen Wohnzimmer gleich, lädt zum Verweilen und Genießen ein. Gestaltet wurde das Gabriele von Designerin Anne Maria Jagdfeld, die auch für das Interior Design des Hotel Adlon verantwortlich zeichnet. Sie hat in dem Lokal eine Atmosphäre geschaffen, in der sich der Gast wohlfühlen kann. Das Interieur besticht durch einen unkonventionellen Mix aus klassischer, italienischer Architektur und einem modernen New-York-Style. In

der Mitte des Raumes steht eine antike römische Skulptur, effektvoll beleuchtet von einem handgefertigten Lüster aus dem italienischen Murano. Die verspiegelte Rotunde, das vierseitige Bankett, die optisch leicht verrauchten Spiegel und die eigens für das Restaurant entworfenen Möbel, allen voran die bequemen Ledersessel, schaffen Intimität und ein geschlossenes Gesamtbild. Dazu trägt auch die Sammlung europäischer Photographie und Malerei aus der ersten Hälfte des 20. Jahrhunderts bei, von den „Golden Twenties" bis hin zur sogenannten „Berliner Schule" der 1950er Jahre. Und natürlich dürfen auch Zeichnungen antiker römischer Denkmäler nicht fehlen. Zudem entsteht durch das Holz-Paneel vor den großen Glasfassaden zur Straße und zur Akademie der Künste hin ein spannendes Spiel aus Licht und Schatten.
In Verbindung mit dem charmanten Service erleben Gäste im Gabriele eine Atmosphäre voller Wohlbehagen und Entspannung an einem Ort, an dem man unbefangen die hohe Kunst der italienischen Küche genießen kann.

Liquidrom

Liquidrom
Betriebsleiterin: Nicola Nagel

Möckernstraße 10
10963 Berlin

Telefon 0 30 / 2 58 00 78 20
Telefax 0 30 / 2 58 00 78 29
www.liquidrom-berlin.de

Wenn der Besucher das Liquidrom im Park am Anhalter Bahnhof erreicht, hat er den größten Trubel der Stadt bereits hinter sich gelassen. Im Inneren aber erwartet ihn die vollständige Entspannung.

Auffällig ist sofort die nüchterne, schnörkellose Architektur, die sich vom Eingang über die Umkleiden bis zum Badebereich erstreckt: hohe Decken, klare Linien, dezente Farben. Die schicken unverputzten Betonwände werden – passend zum Ort – durch großformatige Fotos unterbrochen. Diese zeigen geometrische Figuren von vielen kleinen Wassertropfen, die sich ergeben, wenn Musik mit Hilfe von Licht auf Wasser projiziert wird.

Wasser, Musik und Licht machen denn auch das Herzstück des Liquidroms aus: in Form der abgedunkelten Kuppelhalle mit dem runden Pool und seinem warmen Salzwasser. Hier können Badende die Schwerelosigkeit genießen, sich ewig treiben lassen und durch das runde Fenster im Zenit an manchen Tagen den Mond bewundern; Lichtspiele und Musik schmeicheln Auge und Ohr. Das Angebot reicht von klassischer Musik über elektronische Klänge bis hin zu Walgesängen. Mehrmals in der Woche gibt es außerdem Livemusik, und auch hier sind den Stilen keine Grenzen gesetzt: ob Filmmusik oder Didgeridoo, Gitarren- oder Harfenklänge, Jazz oder elektronische Musik. Diese ertönt allerdings nicht direkt vom Beckenrand aus, sondern von einer klimatisierten Kanzel, so dass man sie auch unter Wasser gut hören kann. Und da Wasser Schwingungen von Geräuschen besser transportiert als Luft, sind sogar Unterwasserlesungen möglich.

Als Unterbrechung von der Schwerelosigkeit bietet sich ein Saunagang an, zum Beispiel in der Salzkristallsauna. Eine ihrer Wände ist mit beleuchteten Salzkristallen aus dem Himalaya ausgekleidet, sodass die Gäste beim Saunieren die von den Kristallen energetisierte Luft atmen. In der finnischen Sauna wiederum werden stündlich Aufgüsse oder Anwendungen wie die Honigeinreibung angeboten, damit sich die Haut zart und geschmeidig anfühlt. Zum Abkühlen geht es dann

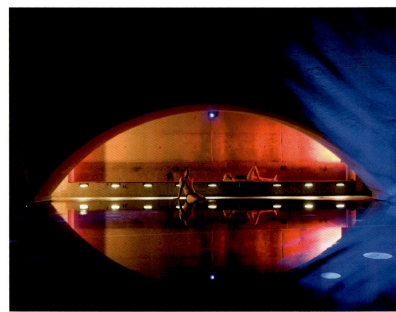

entweder unter die kalte Dusche oder in den japanisch inspirierten Außenbereich. Dieser Innenhof verfügt neben einem knapp 40 Grad warmen flachen Pool über Liegen, von denen aus der Besucher den Himmel beobachten kann, während sich die Körpertemperatur wieder auf das Normalmaß einpendelt.

Zwischendurch kann man übrigens auch an der langen Bar, die sich in ihrer Schlichtheit sehr gut ins Ensemble einfügt, den ein oder anderen Snack zu sich nehmen. Hier werden Backkartoffeln, Bagels, Salate oder eine Suppe gereicht, dazu eine große Auswahl an Getränken und Shakes mit frischen Früchten. Gestärkt hat der Besucher die Wahl zwischen Ruheraum, Solebad oder Massagen, zum Beispiel mit heißen Steinen oder Aromaölen. Hetzen muss man im Liquidrom jedenfalls nicht, die Thermen sind jeden Tag bis Mitternacht geöffnet, am Wochenende sogar noch eine Stunde länger.

uma Restaurant und Shochu Bar

uma Restaurant und Shochu Bar

Behrenstraße 72
10117 Berlin

Telefon Restaurant 0 30 / 3 01 11 73 24
Telefon Bar 0 30 / 3 01 11 73 28
www.uma-restaurant.de
www.shochubar.de

Unter einem Dach an der Südseite des Hotel Adlon befinden sich seit Juni 2008 das uma Restaurant und die Shochu Bar.

Namensgeber der Bar ist ein traditionelles japanisches, aus Stärke destilliertes Getränk. Darauf aufbauend orientiert sich die ganze Bar an der japanischen Philosophie und Lebensweise und an der in Japan so präsenten Verbindung von Tradition und Moderne. Die Karte bietet deshalb auch zweierlei: einerseits klassische Rezepturen aus über 200 Jahren Cocktailgeschichte, andererseits Eigenkreationen auf der Basis von Shochu in Verbindung mit Aromen wie Safran, Bergamotte, Yuzu, Kardamom oder Jasmin. Der neueste Schrei des Lokals sind Drinks, die dem Duft von Parfums nachempfunden sind – ein einzigartiges Erlebnis, denn schließlich verbinden Menschen mit einem bestimmten Geruch eine Person, ein Land oder ein Erlebnis. Und diese individuellen Erin-

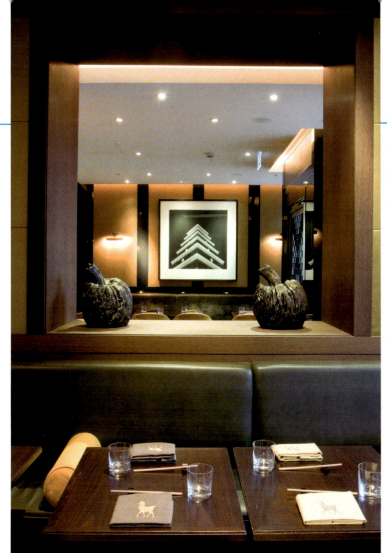

nerungen wollten die Barkeeper mit Hilfe eines Drinks zum Leben erwecken. Fachbücher halfen den Cocktail-Experten dabei, die Inhaltsstoffe von Parfums ausfindig zu machen und dementsprechend Cocktails zu entwickeln, für die ihnen Düfte von Aqua di Parma, Guerlain oder Emporio Armani die Vorgaben lieferten. Die Idee kam bei einigen Parfumhäusern so gut an, dass seit kurzem eine erste Kooperation mit Aqua di Parma besteht. Alle Gäste, die den „Colonia"-Cocktail in der Shochu Bar bestellen, bekommen eine Gratisprobe des Dufts zu ihrem Drink dazu.
Wohlriechend und erfrischt kann der Abend dann im uma fortgesetzt werden. Zwei Jahrtausende alte Tonpferde aus der chinesischen Han-Dynastie sind die Wahrzeichen des japanisch inspirierten Lokals, die ihm auch gleich den Namen gegeben haben. Denn „uma" heißt auf Japanisch Pferd. Die Designerin Anne Maria Jagdfeld hat die antiken Statuen auf ihren Reisen erworben und bei der Gestaltung der Räumlichkeiten des uma als Mittelpunkt ausgewählt, inmitten eines Ambientes, das mit seinen dunklen Steinböden und aus Jade geschnitzten Wänden zwar luxuriös, aber dennoch unprätentiös wirkt. Der Küchenchef des Restaurants bietet eine traditionelle japanische Küche, die er mit innovativen Techniken und Produkten aus Europa kombiniert und damit auf den europäischen Gaumen ausrichtet. So gibt es neben Sushi und Sashimi als Vorspeise zum Beispiel ein Thunfischtataki mit Daikonrettich oder eine Rote-Hummer-Misosuppe mit Shiso, und als Hauptspeise gebratene Langustinen mit Blumenkohl oder einen uma Burger vom Wagyu Beef mit Rettichsalat und Pommes allumette. Für gesättigte Nachtschwärmer kann es danach noch auf einen Absacker zurück in die Shochu Bar gehen, in der am Wochenende Berliner DJs auflegen und die Bar damit in eine Lounge verwandeln.

Dalí – Die Ausstellung am Potsdamer Platz

Dalí – Die Ausstellung am Potsdamer Platz

Eingang Leipziger Platz 7
10117 Berlin – Mitte

Telefon 07 00 / 32 54 23 75 46
www.DaliBerlin.de

„Surrealismus – das bin ich!"
Salvador Dalí (1904–1989)

Dieses Zitat des spanischen Künstlers, so unmissverständlich es auch sein mag, reicht allein nicht aus, um zu begreifen, welche Bedeutung Dalí für die Kunstszene hatte und auch über 20 Jahre nach seinem Tod noch immer hat.

Man muss seine Werke sehen, sie immer wieder neu auf sich wirken lassen, um dem Mythos eines Mannes näher zu kommen, der heute wie zu seinen Lebzeiten polarisiert wie kaum ein anderer Künstler: Dalís Kunst kann man ablehnen und sogar hassen, verehren und sicher lieben – aber unberührt lässt sie gewiss keinen.
Anlässlich des 20. Todestages von Dalí und in Erinnerung an 20-Jahre-Mauerfall wurde im Februar 2009 diesem Ausnahmekünstler Salvador Dalí, der es stets verstand Mauern in den Köpfen einzureißen, eine feste Kultureinrichtung als museale Dauerausstellung an historischer Stelle gewidmet.
Seit nunmehr zwei Jahren ermöglicht „Dalí – Die Ausstellung am Potsdamer Platz" mit über 450 Exponaten aus privaten Sammlungen weltweit, erfolgreich und dauerhaft den wohl umfangreichsten Einblick in Salvador Dalís virtuose und experimentierfreudige Meisterschaft in nahezu allen Techniken der Kunst direkt im Herzen Berlins. Es sind jedoch nicht die omnipräsenten

„Fließenden Uhren", „Brennenden Giraffen" oder andere Kalendermotive, die hier den Besucher in den Bann ziehen, sondern die Möglichkeit, Dalís eigener Einladung „Come into my brain" zu folgen. Dalí be- und verarbeitet in seinen Werken immer eine Vielzahl von Gedanken, Motiven, Impulsen und Themen gleichzeitig. Sie ergänzen, verstärken oder widersprechen sich und führen oftmals zu einer neuen und außergewöhnlichen motivischen Synthese. Vieles wird dabei nur angedeutet und nicht eindimensional einer einzigen Interpretationsmöglichkeit bedingt. Dadurch entsteht Raum für die Fantasie des Betrachters.

Es werden unter anderem Themen und Zyklen vorgestellt, die große Geschichten erzählen. Darunter Dalís berühmte Illustrationen zur Weltliteratur. Dabei wird die gestalterisch meisterhafte Umsetzung Dalís mit den verschiedensten Kunsttechniken deutlich. Die exzellenten Kaltnadelradierungen zu „Tristan und Isolde" befinden sich ebenso darunter, wie die farbenfrohen Lithographien zur Oper „Carmen" und natürlich Dalís allererste Lithographien überhaupt, die den „Don Quijote de la Mancha" zum Inhalt haben. Und natürlich hat Dalí diese Techniken nicht nur virtuos beherrscht, sondern im Sinne seiner paranoisch-kritischen Herangehensweise meist bahnbrechend revolutioniert. Indem er zum Beispiel durch das Schießen auf die Lithosteine den sogenannten „Bulletismus" begründete, mit Nägeln gefüllte Bomben explodieren ließ oder mit einer Dampfwalze über eine Nähmaschine fuhr. Dokumentarfilme erläutern auf großen Monitoren in der Ausstellung einzelne Techniken, wie die Lithographie und die Kaltnadelradierung, und erleichtern das Verständnis dieser und was Dalí damit geleistet hat. Im Ausstellungskino erfährt man zudem Dalí als Filmemacher und warum Größen der Filmbranche wie Hitchcock und Walt Disney mit ihm zusammengearbeitet haben. Die in unzähligen Vitrinen ausgestellten dreidi-

mensionalen Arbeiten, wie Skulpturen, Münzen und Keramiken, unterstreichen den faszinierenden Einblick in das vielschichtige und vielfältige Werk dieses Multitalents und Tausendsassas. In diesen Vitrinen findet man auch einen großen Teil der von Dalí verfassten Schriften. Denn er hat mit über 200 Schriften selbst meist mehr geschrieben, als die von ihm illustrierten bekannten Schriftsteller.

Bei der großen, ausgestellten Auswahl an zeitbegleitenden Pressefotos erlebt man Dalí mit seinen Sammlern, prominenten Freunden, bei der Arbeit, wie er sich inszeniert oder im Umgang mit der Presse und den Medien, die gerade für ihn als einen der ersten medialen Künstler besonders wichtig war.

Man wird bei der Flut von Eindrücken aber nicht alleine gelassen. Sogenannte Dalí_Scouts stehen dem Besucher beim Erkunden des surrealen Werkes Dalís zur Seite. Um das Verständnis und die Einordnung der gezeigten Werke des spanischen Surrealisten zu erleichtern, führen die Dalí_Scouts die Besucher durch die Ausstellung und helfen die Welt mit Dalís Augen zu sehen. Das Angebot der Dalí_Scouts ist dialogorientiert, das heißt jeder Besucher die Möglichkeit hat, ganz individuell Fragen an die Dalí_Scouts zu stellen. Ziel der Dalí_Scouts ist es letztendlich, das höchst komplexe, vielschichtige und

intellektuell anspruchsvolle Werk Dalís einem breiten Publikum zugänglich und verständlich zu machen. In den stündlich stattfindenden öffentlichen Führungen mit den Dalí_Scouts durch das Museum können sich die Besucher umfassend über das virtuose Werk Dalís informieren. Neben kunsthistorischen und kunsttheoretischen Aspekten wird selbstverständlich auch Salvador Dalí als bedeutende Künstlerpersönlichkeit des 20. Jahrhunderts sowie seine außergewöhnliche Biografie beleuchtet. Aber natürlich stehen die Dalí_Scouts auch außerhalb dieser Führungen für Fragen zur Verfügung. Im Übrigen kann man auch seine ganz private Führung vorab für sich, seine Familie, Freunde oder seine Firma buchen.

Dalí Berlin ist aber ganz im Sinne des Surrealismus und Dalís, der – wie kaum ein anderer Künstler – sich zu inszenieren und Feste zu feiern wusste, mehr als „nur" ein Museum. Mit einer geschickt integrierten Veranstaltungsfläche bietet es Firmen und Organisationen die Möglichkeit, ihre Empfänge, Kongresse, Seminare oder Präsentationen inmitten surrealistischer Kunst an exponierter Stelle im Zentrum der Hauptstadt zu veranstalten. Das Penthouse des zehnstöckigen Gebäudes steht mit der großen Dachterrasse und einzigartigem Blick über die Dächer Berlins ebenfalls als exklusive Veranstaltungsfläche zur Verfügung. Der Museumsshop hat seinen Schwerpunkt auf Dalí und den Surrealismus gelegt. Dort findet man viel Literatur, aber auch tolle Geschenke sowie Poster und Postkarten. Aber auch hochwertigen Silberschmuck mit Dalís Elefanten und Lippen. In jedem Fall lohnt sich der Besuch auf der Webseite des Museums. Unter www.DaliBerlin.de kann man nicht nur den Weg zum Museum finden und Impressionen von der Ausstellung genießen, sondern auch schon mal ohne zusätzliche Kosten sein Ticket sichern, eine Führung buchen oder im Onlineshop stöbern.

„Die Tatsache, dass ich selbst im Moment des Malens meine eigenen Bilder nicht verstehe, heißt nicht, dass diese Bilder keine Bedeutung hätten; im Gegenteil, ihre Bedeutung ist dermaßen tief, komplex, zusammenhängend und unwillkürlich, dass sie sich der einfachen logischen Analyse entzieht." schreibt Dalí in dem 1935 veröffentlichten Essay „Die Eroberung des Irrationalen".

Lorenz Adlon Weinhandlung

Lorenz Adlon Weinhandlung

Behrenstraße 72
10117 Berlin

Telefon 0 30 / 3 01 11 72 50
Telefax 0 30 / 3 01 11 72 51
www.adlon-wein.de

Raritäten, Liebe zum Wein, Tradition und die Verpflichtung zum Namen Adlon bestimmen das Konzept der Lorenz Adlon Weinhandlung. Denn der Namensgeber Lorenz Adlon, der im Jahr 1907 das legendäre Hotel gründete, führte an fast gleicher Stelle seinerzeit die größte und bedeutendste Weinhandlung der Welt, mit einer Auswahl von über einer Million Flaschen. Die Lorenz Adlon Weinhandlung knüpft seit ihrer Eröffnung im April 2008 an diese Tradition an.

Das Angebot konzentriert sich hauptsächlich auf Weine des „alten Europa", genauer gesagt auf Deutschland, Italien und Frankreich. Das besondere daran ist, neben einer Vielfalt von mehr als einer halben Million Flaschen, die Exklusivität der Tropfen und die Füllmenge. Denn es gibt eine große Menge an halben Flaschen, um auch Genießern zu Hause die Möglichkeit zu geben, zum selbst gekochten Menü immer eine neue Flasche pro Gang zu öffnen. Aber auch Singles und Weinliebhaber sollen durch dieses Angebot in den Genuss eines guten Weins kommen, ohne gleich eine ganze Flasche austrinken zu müssen. Außerdem verfügt die Lorenz Adlon Weinhandlung dank langjährig aufgebauter Partnerschaften über Raritäten und ganze Sammlungen in ihrem Portfolio. Höhepunkte des Sortiments sind zum Beispiel eine Flasche Heidsieck-Monopole, Jahrgang 1907 oder ein 1945er Mouton-Rothschild. Aber das Angebot

ist auch offen für vorsichtigere Einsteiger. In jedem Fall ist es Chef Sommelier Thomas Hönigschmid neben der Qualität dieser Flaschen auch daran gelegen, zu wissen, wo die Ware herkommt. „Wir kaufen daher im besten Fall direkt vom Erzeuger", so Hönigschmid. Außerdem hat sich die Weinhandlung auf die Fahne geschrieben, jeden existierenden Wein, der nicht vorrätig ist, liefern zu können – „egal, wo auf der Welt er zu finden sein mag und welche Wege das Team dafür in Kauf nehmen muss". Denn es geht in der Weinhandlung auch darum, immer neue Geschmackserlebnisse zu finden und diese den Gästen anzubieten. Deshalb bietet Thomas Hönigschmid auch jeden zweiten Mittwochabend einen „Wein Concierge", eine Weinverkostung mit kleinen Häppchen für 29 Euro pro Person an. Bei der Gelegenheit gibt er zu den gereichten Weinen einen Überblick über deren Herkunft, Rebsorten und Inhaltsstoffe.

Ein besonderer zusätzlicher Service der Lorenz Adlon Weinhandlung ist der Wein Concierge Club. Mitglieder des Clubs können bevorzugt für die Degustationen reservieren. Zudem bekommen sie für einen Fixpreis monatliche Weinpakete nach Hause geschickt, die Thomas Hönigschmid mit Bedacht für sie zusammengestellt hat.

Und selbstverständlich kann die mit viel Holz gestaltete Weinhandlung für private Weindinners gebucht werden, zu denen von den Küchenchefs der Adlon Holding bevorzugt französische Gerichte serviert werden.

design store

design store
Inhaber: Martin Nowak

Helmholtzstraße 2-9
10587 Berlin

Telefon 0 30 / 3 15 24 84
Telefax 0 30 / 3 15 24 85
www.design-store.de

Die Kundenliste des design store liest sich wie ein Who-is-Who aus Politik, Wirtschaft und Gesellschaft. „Ob Deutscher Reichstag oder klein und fein – immer ist viel Leidenschaft im Spiel, wenn wir einen Job übernehmen", sagt Inhaber Martin Nowak, stolzer Hanseat auf „rauher Berliner See", der 1995 als Spezialist für moderne Klassiker in der Hauptstadt startete.

Inzwischen hat sich der design store zu einer der gefragtesten Adressen für exklusive Einrichtungsprojekte im In- und Ausland entwickelt. Martin Nowak und sein Team können aus einem riesigen Pool der besten Kollektionen schöpfen. Für die anspruchsvolle Kundschaft finden sich darunter so glänzende Marken wie Swarovski, Bisazza, Lalique und Barovier & Toso. „Das gewachsene Netzwerk aus erfahrenen Fachleuten ist die Basis für unseren Erfolg", sagt Nowak, dessen Dienstleistung weit über die eines herkömmlichen Händlers hinausgeht. Zum eingespielten Team aus kreativen Architekten und technischen Planern gehören deshalb auch Visualisierer, die Räume am Computer verblüffend realistisch simulieren können, genauso wie muttersprachliche Projektleiter, die die internationalen Aufträge reibungslos betreuen.

Nowak betont: „Bei diesen Projekten geht es darum, die richtige Handschrift zu finden. Unsere Arbeit soll die andere Kultur respektieren und reflektieren." Besonders eindrucksvoll gelang das 2010 bei einem luxuriösen Ferienwohnsitz in Miami Beach. Das Team nutzte die guten Kontakte zur Kunstszene und integrierte amerikanische Pop Art, seltene Vintage-Fotos und wertvolle Art-Déco-Objekte.

Der design store stattet aber nicht nur Privaträume aus, sondern auch Hotels, Geschäfte, Arztpraxen, Büros oder Diskotheken, wie den Moskauer Multimediaclub „Virus". Manchmal zeichnet das Team für die komplette Innenarchitektur verantwortlich, manchmal nur für einen Teilbereich, wie ein Businesscenter oder eine Kinder-Tea-Lounge im Berliner Ritz-Carlton Hotel am Potsdamer Platz. Wenn der Auftraggeber es wünscht, gehört alles von der Besichtigung der Baustelle bis zur endgültigen Fertigstellung, über die Organisation der Logistik bis hin zur Koordination der Gewerke vom Steinleger bis zur Smarthouse-Technik mit zum Paket. Gerne führen die Experten den Kunden auch über wichtige Messen, zum Beispiel in Mailand oder Paris.

Wer seine Ideen für Wohnung oder Büro schneller verwirklichen möchte, der wird garantiert im designstore-Showroom, gelegen in der ehemaligen Osram-Fabrik in Charlottenburg, fündig. Der anregende Querschnitt aus dem Gesamtsortiment bietet zeitlose Bauhaus-Klassiker, ausgesuchte Leuchten und einige spektakuläre Highlights, zum Beispiel Sitzskulpturen von Stars wie Ron Arad und Marc Newson oder Design-Objekte der italienischen Kult-Manufaktur Fornasetti. Zudem gibt es einen kleinen Outlet-Verkauf mit wechselnden Sonderposten, der die Schnäppchenjäger anzieht. Auch auf der Homepage finden sich unendlich viele Inspirationen und ein Link zum Online-Shop. Für Martin Nowak bleibt das persönliche Gespräch mit dem Kunden das Wichtigste: „Hier im Geschäft kann ein Kunde einfach nur einen Sessel oder eine Lampe kaufen, er kann sich aber auch jederzeit für zukünftige kleinere oder größere Projekte individuell beraten lassen."

Spreesprung Regierungsviertel, Paul-Löbe-Haus und Marie-Elisabeth-Lüders-Haus

Maccas Haircouture

Maccas Haircouture
Inhaber: Can Maccas

Knesebeckstraße 20–21
10623 Berlin

Telefon 0 30 / 54 71 08 80
Telefax 0 30 / 54 71 08 81
www.maccas.de

Stilvoll und modern ist der Friseursalon von Can Maccas am Savignyplatz. Bevor er vor gut sieben Jahren Maccas Haircouture eröffnete, hatte Maccas lange mit seinem Architekten überlegt, sprach über Farben, Materialien und Funktionalität. Es entstand ein geradliniges, zeitloses Design mit puristischen Stilelementen, welches dem Wesentlichen nicht die Schau stiehlt: virtuose Schnitttechniken und frische Kolorationen, aufregende Stylings und hochwertige Haarpflege.

Die Zufriedenheit der Kunden steht bei Maccas an erster Stelle. Eine perfekt auf den eigenen Typ abgestimmte Frisur, die oft dem Trend sogar ein wenig voraus ist, können alle seiner Kunden hier erwarten.
Die Stylisten des Joico-Studio-Salons werden ständig von internationalen Akademien geschult und sind genauestens über die aktuellen Modetrends informiert, die Trendsetter in den internationalen Metropolen in Sachen Schnitt und passender Farbe ausgemacht haben. Regelmäßig besuchen Maccas und sein Team Fortbildungen, um ihren Kunden mit den besten Techniken und einem umfangreichen Fachwissen zur Verfügung zu stehen – aber auch, weil es ihnen Spaß macht, neue Trends in der Friseurszene gekonnt umzusetzen.
Im Hinblick auf Kolorationen ist der Friseursalon auf die Painting-Technik spezialisiert, bei der die Strähnchen mit einem Pinsel auf die Haare gemalt werden, um so fließende, natürliche Übergänge zu schaffen. Das heißt natürlich nicht, dass jeder Kunde neuen Form- und Kolorationsmustern folgen muss. Im Vordergrund steht immer, ob ein neuer Schnitt zur Persönlichkeit und zur Ausstrahlung passt und ob er pflegeleicht ist. Denn die Kunden sollen exklusive, aber tragbare Schnitte und Stylings erhalten. Darum ist jedes Teammitglied ein Meister des Personalisierens: Wer die Haare

schneidet, föhnt auch selber, um der Frisur im trockenen Zustand den Feinschliff zu geben. So wird gewährleistet, dass die Kunden zu Hause genauso gut mit ihrem neuen Schnitt zurechtkommen wie der Profi im Salon.

Bei Maccas steht die eingehende, persönliche Beratung im Mittelpunkt. Bereits am Telefon nehmen sich die Friseure viel Zeit für jeden Kunden, fragen nach Wünschen und Vorlieben. Der Besuch selbst allerdings ist ein Erlebnis, bei dem nicht nur die Haare gepflegt, sondern alle Sinne geweckt werden: Ein immer angenehm warmes Klima, beruhigende Drum'n'Bass-Sounds, cremiger Latte Macchiato und für absolute Entspannung sorgen während der Haarwäsche zudem Shiatsu-Massagestühle, von denen man eigentlich gar nicht mehr aufstehen möchte.

Can Maccas hat sich mit seinem eigenen Salon einen Traum erfüllt. Der Erfolg des 43-jährigen, dreifachen Familienvaters gründet sich darauf, dass er seinen Visionen unbeirrt gefolgt ist. Die große und zufriedene Stammkundschaft bestätigt ihn darin jeden Tag neu.

Nanna Kuckuck – Haute Couture

Nanna Kuckuck – Haute Couture
Inhaberin: Nanna Kuckuck

Bleibtreustraße 52
10623 Berlin

Telefon 0 30 / 31 50 71 50
www.nanna-kuckuck.com

Die opulent farbenprächtigen, fantasievollen Roben von Nanna Kuckuck hat man schon oft gesehen – auf Preisverleihungen, Galas, Empfängen, exklusiven Partys und Bällen. Viele prominente Kundinnen aus der Film-, Kunst- und Musikbranche sowie Persönlichkeiten aus dem In- und Ausland lieben ihre spektakulär drapierten Abendkleider.

Die Schauspielerinnen Katja Riemann, Ursula Karven und Gudrun Landgrebe schreiten regelmäßig in Nanna Kuckuck-Kleidern über den roten Teppich, aber auch die Begum Inaara Aga Khan, Friede Springer und die Sopranistin Barbara Krieger gehören zu den Kundinnen, die sich von ihrer Mischung aus Orient und Okzident verzaubern lassen.
Wahre Traumkleider aus Taft, Brokaten, Seiden und Tülle, plissiert, paillettenbestäubt, gerafft oder bestickt – opulent, sexy oder sinnlich und anmutig. Selbstverständlich kreiert sie für Ihre Traumhochzeit auch das passende Brautkleid. Die mondäne Extravaganz ihrer Entwürfe macht die Trägerin einer Nanna-Kuckuck-Robe zum zauberhaften Mittelpunkt eines jeden Abends. Schon beim Eintritt in ihren farbenfrohen Laden mit angeschlossenem Atelier in der Charlottenburger Bleibtreustraße hat man das Gefühl, man kommt in eine glitzernde Oase wie aus 1001 Nacht. Prächtig funkeln die Roben und man spürt die besondere Atmosphäre, in der Nanna Kuckuck ihre Kreativität entfaltet und lebt. Stets mit einem freundlichen Lachen begrüßt sie ihre Kundinnen und lässt sich gerne bei einer Neuanfertigung von der Persönlichkeit der Kun-

din und den aufwendigen Stoffen inspirieren, aus denen die Traumkleider entstehen. „Mein Anspruch ist es, eine Form zu finden, die der Schönheit der Materialien und der Frau schmeicheln. Es ist ein Prozess von bewusster Kreativität und Zufall, zwischen Fantasie, Naturgesetzen und deren Aufhebung." Der Entwurf eines Kleides ist der Beginn einer gemeinsamen Entdeckungsreise, begleitet von Vorgesprächen und Anproben. Oder man verliebt sich direkt in eines ihrer Modelle, welches perfekt auf die Figur angepasst werden kann.

Nanna Kuckuck nimmt sich viel Zeit, das Kleid zu kreieren, das sinnlich und natürlich die Persönlichkeit der künftigen Trägerin verkörpern soll. Die Haute Couture der Designerin kann dann, je nach Trägerin, mal klassisch, aber meist doch eher ausgefallen sein – auf jeden Fall ist sie individuell und ein Unikat, wie die Frau selbst.

Die sympathische Designerin liebt, beeinflusst von fernöstlicher Exotik, das Außergewöhnliche. Die original französischen, italienischen und indischen Stoffe werden direkt an der Puppe modelliert und dürfen sich dort entfalten. Inspiriert von der Einzigartigkeit der Materialien kann die Designerin neue Ideen sofort umsetzen und die Formen einer Frau umspielen. Das Ergebnis sind kunstvoll drapierte und atemberaubende Faltenwürfe – perfekt auf den Leib gearbeitet.

„Mode ist meine Leidenschaft", sagt Nanna Kuckuck begeistert, und das ist in jeder ihrer Roben zu spüren. Ihr Herzblut im Einklang mit der Persönlichkeit ihrer Kundinnen – das ist das Ergebnis der gemeinsamen Entdeckungsreise zu einem wunderbaren, unverwechselbaren Traumkleid.

Rue Tortue

Rue Tortue
Inhaberin: Julia Porrée

Knesebeckstraße 17
10623 Berlin

Telefon 0 30 / 81 01 09 18
Telefax 0 30 / 81 01 09 19
www.rue-tortue.de

Ein T-Shirt mit Gitarren- oder Saxofonsound, oder eines mit Vogelgezwitscher das gibt es nur bei Rue Tortue in Charlottenburg. Die klingenden Shirts sind mehr als beliebt bei Eltern und Kindern: Voller Spannung erwarten sie die neuesten Einfälle von den frechen Designern des Newcomer-Labels aus Spanien.

Wem das zu verspielt ist, der findet in der „Schildkrötenstraße" aber auch Kindermode ohne Schnickschnack – klassisch, lässig und trendbewusst. Inhaberin Julia Porrée ist auf ihren Messebesuchen stets auf der Jagd nach Teilen, die

sie auch ihren Kindern anziehen würde, ohne sie damit als Fashionvictims zu verkleiden. Fündig wird sie zumeist bei italienischen, französischen und skandinavischen Designern, aus deren Teilen sie das abwechslungsreiche Gesamtsortiment zusammenstellt. Glitzerteile oder Shirts mit großen Logostickereien kommen hier nicht in die Regale, die Farben sind zurückhaltend, die Materialien ausgewählt, die Schnitte schlicht, bei den Mädchen teilweise verspielt, ohne zu niedlich zu sein. Ihre Stammkundinnen und -kunden wissen mittlerweile, dass sie sich jede Saison auf eine gelungene Mischung aus alltagstauglichen Basics und edleren Stücken für besondere Anlässe freuen können.

Bei allem Modebewusstsein vergisst Julia Porrée aber nie, dass die Hauptpersonen bei Rue Tortue die Kinder sind. Ganz wichtig ist neben einer authentisch-lässigen Optik deshalb auch der Wohlfühlfaktor. Manch ein Kind mag keine Knöpfe, einem anderen ist selbst der flauschigste Kaschmirpullover zu kratzig. Dennoch lassen sich hier nahezu alle Wünsche erfüllen, denn die Auswahl ist groß und liebevoll zusammengestellt, mit viel Gespür für die Bedürfnisse der kleinen und großen Kunden.

Im hinteren Teil des ansprechenden Geschäfts gibt es eine Riesenauswahl an Schuhen: für den kleinen Laufanfänger, die junge Dame, die es auf „Klapperschuhe" abgesehen hat und den Jungen, für den beim Schuhkauf die Fußballtauglichkeit das wichtigste Kriterium ist. Vom handgefertigten Lederstiefel aus Italien in allen erdenklichen Farb- und Formvarianten über den alltagstauglichen Allrounder aus Dänemark bis zum klassischen Pennyloafer aus England – hier ist für jeden Geschmack und jeden Fuß etwas dabei. Das Ausmessen der Kinderfüße ist beinahe Pflicht, denn auch jeder Schuh wird einer genauen Messung unterzogen, um sicherzustellen, dass die Passform möglichst optimal ist. Trotzdem ist der Schuhkauf hier keine Qual, sondern sowohl für Eltern als auch Kinder meist ein sehr entspanntes Erlebnis. Und das nicht zuletzt, weil die Kleinen sogar beim Anprobieren der Schuhe auf dem Schildkrötenkarussell sitzen bleiben dürfen, bis sie mit ihren neuen Schuhen eine Proberunde durch den Laden gehen, hüpfen oder rennen.

Sind die Kinder dann von Kopf bis Fuß neu eingekleidet, findet oft auch die eine oder andere Mutter etwas Schickes für sich selbst. Ein Paar Ballerinas zum Beispiel, denn schließlich gibt es viele Schuhmodelle bis Größe 41, ein handgefertigtes Armband oder ein Shirt aus der kleinen, aber feinen Abteilung für die Damen.

Atelier und Galerie Sheriban Türkmen

Atelier und Galerie Sheriban Türkmen
Inhaberin: Sheriban Türkmen

Bleibtreustraße 1
10623 Berlin

Telefon 0 30 / 29 77 08 10
Telefax 0 30 / 29 77 08 10
www.bilderschmuck.de

Kühl wie der Hochzeitsschmuck einer Eisprinzessin glitzern Aquamarine in filigranem Gold-und Silbergewebe. Tropfen aus Granat glänzen wie Funken, Perlen und Diamanten funkeln wie Tau im Morgenlicht. Sheriban Türkmen ist die Goldschmiedin im Zauberreich des Schmucks. Ihre geschmiedeten oder aus Edelmetallfäden gehäkelten Stücke sind zart und doch kraftvoll, klar und doch verspielt.

So vielfältig wie ihre Ketten, Colliers, Armbänder und Ringe ist die Künstlerin selbst. Sie stammt aus einem türkischen Bergdorf in Zentralanatolien und kam als Kind nach Deutschland. Ihre Herkunft prägt bis heute ihre Arbeit. Die fantastische Welt der Farben, die filigranen und naturnahen Formen ihrer Heimat, finden sich meist in Details wieder. So macht sie den Traum wahr, Silber und Gold zu spinnen. Die Idee kam ihr, als sie sich an die Handarbeiten der Frauen ihrer Heimat erinnerte. Gehäkelte Stränge mit Perlen von Sheriban Türkmen wirken wie der opulente Schmuck einer Königin; Gold- und Silberfäden werden auf massives Edelmetall geschweißt. Die letzten Jahre perfektionierte die Goldschmiedin die außergewöhnliche Technik, Klarheit und Verspieltheit zu kombinieren, es entstehen elegante Zauberwerke mit orientalischen Effekten.

Der Schmuck aus dem Atelier Sheriban Türkmen ist so wandelbar wie seine Trägerinnen und zieht mittlerweile Kunden und Kundinnen aus der ganzen Welt an. In ihrer Goldschmiedewerkstatt werden nicht nur eigens entworfene Stücke hergestellt, sondern es wird auch auf Wunsch angefertigt. Die Beratung der Kunden ist dabei einer der wichtigsten Aspekte. „Mein Ziel ist es, die einzelnen Schmuckstücke so zu gestalten, dass sie zur Trägerin passen. Schmuck kann in uns schlummernde Persönlichkeiten ans Licht bringen und betonen. Er soll die Trägerinnen

glücklich machen, ihren Seelen schmeicheln und ihnen Kraft geben", beschreibt die Künstlerin ihre Ambitionen. Ehe- und Freundschaftsringe werden so nicht nur auf den Geschmack, sondern auch auf den Charakter der Kunden abgestimmt. Wer ein aus der Mode gekommenes Erbstück besitzt, kann es sich modern und individuell umgestalten lassen.

Herzstücke ihrer Arbeit sind für Sheriban Türkmen Perlen. Sie sind für sie ein Symbol für Reinheit und Schönheit. „Perlen bringen Frauen zum leuchten", sagt sie.

Das Atelier und die Galerie Sheriban Türkmen besticht durch helle und sachliche Eleganz. Nur der Bergkristalllüster aus Istanbul, zwei silberne indische Armsessel und ein in Stein gemeißelter Buddha, setzen auch hier orientalische Akzente. In diesem entspannten Ambiente veranstaltet die Galeristin alle sechs Wochen wechselnde Ausstellungen mit verschiedenen Künstlern. Der Galerie angeschlossen ist eine Werkstatt, in der ein großer Werktisch mit fünf Arbeitsplätzen steht. Ein idealer Ort, um zusammen mit anderen Goldschmiedinnen zu arbeiten und um regelmäßig stattfindende Goldschmiedekurse zu geben. Ihre Fertigkeiten, angefangen vom Schmelzen über das Löten bis zum Schmieden – teilt Sheriban Türkmen gerne mit anderen. Sie liebt die kreative Geselligkeit. Kommunikation, Gespräche und Gemeinsamkeit sind neben ihrer Arbeit die wichtigsten Aspekte in ihrem Leben. Vielleicht ist es ihr anatolisches Erbe, das die Schmuckdesignerin antreibt, zwar nach wie vor ihre eigenen Ideen zu verfolgen, aber dabei auch stets nach Gelegenheiten zu suchen, Menschen um sich zu versammeln und in ihrer Galerie herzlich willkommen zu heißen.

Hannelore Günther – Mode Wohnen Schmuck

Hannelore Günther – Mode Wohnen Schmuck
Inhaberin: Hannelore Günther

Niebuhrstraße 1
10629 Berlin

Telefon 0 30 / 8 83 33 02
Telefax 0 30 / 8 81 25 13

Hannelore Günther eröffnete ihr Geschäft bereits 1982. Damals war sie spezialisiert auf hochwertige Second-Hand-Kleidung. Doch ihr Angebot hat sich schnell erweitert, denn der Unternehmerin schwebte immer ein Geschäft vor, das einen etwas anderen Charakter hat, und in dem sie eine größere Bandbreite edler Dinge anbieten kann. Heute führt sie immer noch Zweite Hand, nach wie vor von Marken wie Hermès, Armani oder Dolce & Gabbana, aber Mode ist bei Weitem nicht mehr ihr alleiniges Standbein.

So kann man bei ihr alte Möbelstücke wie Sessel aus den 1930er Jahren erstehen, natürlich neu bezogen, außerdem Kronleuchter, Bettwäsche und Tagesdecken, in zahlreichen Farben, aus Samt, Kaschmir oder Seide. Hochwertige Stoffe sind ihr wichtig. „Und das, was dem Menschen am nächs-

ten auf der Haut ist, sollte am hochwertigsten sein", sagt Günther. Dabei kommt es ihr auch auf Nachhaltigkeit an. Man soll die Stoffe nicht nach drei Mal Waschen wegwerfen müssen. „Das ist natürlich eine Investition, aber es geht nicht um die Masse, sondern um die Wertigkeit der Stücke", sagt sie. Aus diesem Grund lässt sie auch alte Pelzmäntel „recyceln", die dann zu schicken Taschen oder Beuteln werden.
Ein besonderes Merkmal der Inhaberin ist, dass sie gegenüber den Kunden äußerst serviceorientiert arbeitet. So lässt sie lang getragene Kaschmirpullover nachstricken, damit dem Kunden das Lieblingsstück noch länger erhalten bleibt. Tischwäsche kann der Kunde bei ihr aussuchen und dann auf Maß zuschneiden lassen. „Alles andere bringt nichts", sagt Hannelore Günther, „denn schließlich sind alle Tische unterschiedlich groß". Für Gardinen und Sofabezüge stehen ihr ebenso über 100 Muster zur Verfügung.
Was dem Kunden bei Hannelore Günther sofort ins Auge springt, sind mit Stoffen bezogene Leitern – mal in Leopardenfell-Optik, mal in schwarzem oder weißem Plüsch. „So werden diese Holzleitern zu Deko-Gegenständen und müssen nicht in einer dunklen Kammer auf ihren Einsatz warten", sagt die Inhaberin. Grundsätzlich kann man alles kaufen, was man im Laden sieht. Den Tisch, an dem Hannelore Günther arbeitet, den Sessel, auf dem sie sitzt, die Bilder an der Wand und die Kerzenständer. Auch vor sehr alten Gegenständen schreckt sie nicht zurück, solange die Elektronik noch funktioniert – denn für die Restaurierung steht ihr ein großes Netz an Handwerkern zur Verfügung. Und auch beim Schmuck gefallen ihr alte Stücke. So führt sie ein Viktorianisches Kreuz mit Maiglöckchen, das bereits über 160 Jahre alt ist, ein Armband von Tiffany's oder eine Jugendstilbrosche eines dänischen Silberschmieds. Alles natürlich Originale, denn „Nachgemachtes finde ich furchtbar", sagt Günther. Um ihr Sortiment zu bestücken, fährt Hannelore Günther viel auf Märkte oder wird von Zulieferern kontaktiert, die wissen, was ihr gefällt und in ihr Sortiment passen könnte. Dass sich dabei Modernes und Altes vermischen, ist ihr gerade recht. „Denn so eine Mischung macht ja auch eine Wohnung erst spannend", sagt sie.

Die Siegessäule auf dem Großen Stern

Antik-, Kunst- und Flohmärkte

Knapp 50 Kunst-, Antik- und Flohmärkte gibt es in Berlin, die vor allem an den Wochenenden zahlreiche Menschen in ihren Bann ziehen. Darunter Touristen, die vor schöner Kulisse in einem alten Buch schmökern wollen, einheimische Sammler und Schnäppchenjäger, die auf das große Glück hoffen, aber auch zahlreiche Flaneure, die es genießen, bei hoffentlich schönem Wetter zu sehen, was es Neues gibt bei Kreativen, Antiquitätenhändlern oder jungen Gelegenheitsverkäufern, die ihren Dachboden geräumt haben. Fast schon zwangsweise stolpert der Besucher dabei über Dinge, die längst vergessen waren und die nun liebliche Erinnerungen wachrufen. Auf jeden Fall ist auf diesen Märkten, von denen wir Ihnen einige hier vorstellen wollen, für jeden etwas dabei, und immer mehr unter ihnen sorgen auch – sozusagen nebenbei – für das leibliche Wohl ihrer Besucher.

Besonders bunt geht es diesbezüglich auf dem Flohmarkt am Mauerpark zwischen Prenzlauer Berg und Wedding zu. Vom Crepe über die deutsche Biowurst bis zur türkischen Spezialität ist alles vertreten, seit der Markt in den vergangenen Jahren einen unglaublichen Boom erlebt hat. Bestand er Anfang des Jahrtausends aus einer überschaubaren Anzahl an Ständen, erstreckt er sich inzwischen auf einem immer größeren Areal und wartet mit Kleidung, Möbeln und allerlei Krimskrams auf. Zudem bieten mittlerweile auch zahlreiche Jungdesigner, die sich keine eigene Boutique leisten können oder wollen, ihre Kreationen zum Verkauf an. Das reicht vom schicken Kleid über T-Shirts mit geistreichen Aufdrucken bis zum selbstgemachten Kinderspielzeug aus Holz. Um den Flohmarktbesuch am Nachmittag würdig zu beschließen, bietet sich ein Abstecher zum beliebten Karaoko im Mauerpark an, bei dem jeder sein Talent vor großem Publikum zum Besten geben kann.

Vielleicht reicht es davor aber noch zu einem kleinen Besuch des nahe gelegenen Arkonaplatzes, wo hauptsächlich professionelle Händler Produkte aus der ehemaligen DDR oder den 1970er Jahren anbieten – Kleidung, Mobiliar oder Kunsthandwerk.

Und wer speziell dieses sucht, ist auch beim ältesten Berliner Trödelmarkt an der Straße des 17. Juni gut aufgehoben. Hier erwartet den Besucher ein rundum vielfältiges Angebot in etwas gediegenerer Atmosphäre: Neben alten Gemälden, Porzellan und Schmuck gibt es auch Schallplatten, Hüte, Teppiche, Möbel, Kleidung und Autogrammkarten – und das „natürlich" second hand, wie es beim Trödelmarkt stolz heißt, denn schließlich gehöre sich das so für einen Trödelmarkt.

Antik- und Kunstliebhaber machen auch gern einen Bummel über den Antikmarkt am Ostbahnhof, wo die meisten der teilweise hochwertigen Waren aus professioneller Hand angeboten werden – und das manchmal sogar recht preisgünstig.

Die weitaus schönste Kulisse bietet für Flaneure jedoch der Antik- und Buchmarkt am Bodemuseum. Entlang der Spree zeigen rund 60 Händler ein breites Sortiment, das vom Sammlerobjekt mit Seltenheitswert bis zum preisgünstigen modernen Antiquariat reicht – eine Schatztruhe für Liebhaber alter Bücher oder Raritäten. Schallplatten, Bilder und Bronzen bereichern das Angebot. Wenn man jedoch trotzdem nichts finden sollte, kann man sich immer noch mit einem Spaziergang an der Spree vergnügen.

Melrose

Melrose
Inhaberin: Sigrid Oehler

Walter-Benjamin-Platz 1
10629 Berlin

Telefon 0 30 / 3 23 59 94
www.melrose-germany.de

First Class Second Hand: Diesem bewährten Motto des Melrose bleibt Sigrid Oehler treu, seit sie das Geschäft im Sommer 2010 übernommen hat. Sie wollte einfach noch einmal etwas ganz Neues machen. Über eine Freundin ihrer Tochter kam sie zum Melrose, der seit mehr als zehn Jahren in Berlin etablierten Adresse für Top-Designer zum kleinen Preis.

Hier finden sich Artikel von Chanel, Hermès oder MaxMara neben weniger bekannten nationalen und internationalen Designern – alle auf gehobenem Niveau. Einige der Kleidungsstücke oder Accessoires, die übersichtlich und ansprechend präsentiert sind, fanden ihren Weg ungetragen ins Melrose: Da gefiel ein Geschenk nicht, oder ein Stück entpuppte sich zuhause als Fehlkauf. Sigrid Oehler erhält fast jeden Tag neue Ware. Meist von Damen, die eine Jacke, einen Pulli, eine Bluse, ein Paar Schuhe oder ein Abendkleid nicht mehr tragen wollen oder können. Oft sind auch

Die Zeitschriften, von der die Inhaberin gerne als ihre „Bibel" spricht, können Kundinnen übrigens auch einfach mal in Ruhe durchblättern, entweder im Laden selbst oder an einem kleinen Tisch unter den Arkaden des Walter-Benjamin-Platzes, bevor sie dann inspiriert im Melrose weiterstöbern.

Prominente unter den Lieferantinnen, die sich für jedes offizielle Event neu einkleiden. Schon deshalb lohnt es sich, regelmäßig im Melrose vorbeizuschauen. Denn egal, ob ein, zehn oder zwanzig Kleidungsstücke pro Tag oder Lieferantin abgegeben werden – Sigrid Oehler macht sich aufgrund der stetig steigenden Nachfrage umgehend daran, die neu eingetroffene Ware auszustellen. Manchmal werden ihr extravagante Stücke förmlich aus den Händen gerissen. Da ist es gut, dass neben der Auszubildenden und zwei Aushilfen auch Tochter Janina nach ihrer Babypause wieder mit zum Team gehört.

Sigrid Oehler dekoriert den Laden mindestens zweimal pro Woche vollständig neu, manchmal allerdings auch öfter: Viele ihrer Kundinnen kaufen einen Mantel oder ein Kleid direkt von der Schaufensterpuppe weg. Und da Sigrid Oehler nicht mehrmals über das gleiche Modell verfügt, ist ein ganz neues Outfit für die Puppe angesagt. Bevor ein Kleidungsstück nach sechs bis acht Wochen an die Lieferantin zurückgeht, hat Sigrid Oehler vieles damit ausprobiert: Sie zeigt die Taschen, Schuhe oder Mäntel gerne in Verbindung mit aktuellen Artikeln aus Mode- und Lifestyle-Zeitschriften. So bekommen ihre Kundinnen einen Eindruck davon, wie eine bestimmte Farbe kombiniert oder eine ausgefallene Tasche getragen wird, selbst wenn sie nicht aus der aktuellen Saison stammt. Denn das Melrose hinkt dem Trend nicht hinterher: Sigrid Oehlers Kreativität bestätigt, dass nicht jeder Trend auch wirklich modisch ist.

Berlin Lounge

Berlin Lounge
Beauty.Wellness.Lifestyle
Inhaberin: Maria Samos Sanchez

Giesebrechtstraße 18
10629 Berlin

Telefon 0 30 / 52 68 68 29
www.berlin-lounge.com

Ein Concept Store zum Wohlfühlen – das ist die Berlin Lounge von Maria Samos Sanchez. Eigentlich wollte die Inhaberin nur der Bewei-Therapie mehr Raum einräumen, die sie schon jahrelang in ihrem früheren Sportstudio angeboten hatte. Sie ergriff die Gelegenheit beim Schopfe, als das Ladenlokal in der Giesebrechtstraße frei wurde.

Hier bietet sie nun die Magnetwellentherapie an, bei der Fettzellen dazu angeregt werden, Stoffwechsel zu produzieren und sich zu entleeren. Das strafft unter anderem die Haut – für Frauen ein Geschenk des Himmels, aber auch für Menschen mit Gelenk- oder Hautproblemen ein Segen. Doch Maria Samos Sanchez musste natürlich auch das Ladenlokal bestücken und überlegte sich, was sie mit der Therapie verbinden könnte: „Wir brauchen im Leben eigentlich nur Gesundheit, zu essen und zu trinken", resümiert sie ihre Überlegungen. Es kamen aber nur besondere Produkte in Frage, also solche, die man außerhalb ihrer Lounge gar nicht oder nur sehr schwer finden kann.
Fast schon aufgedrängt haben sich ihr darum die Produkte von The Deli Garage, einem Foodlabel, das ausgesuchte Delikatessen anbietet – aber mit liebevollem Design und in einzigartigen Verpackungen, die man teilweise aus ganz anderen Bereichen kennt.
Wie zum Beispiel der „Ölwechsel". In kleinen Fläschchen, wie man sie von Schmieröl kennt, wird handgepresstes Olivenöl aus Spanien angeboten. Zugaben wie Rosmarin, Peperoni oder Zitrone werden direkt mit den Oliven kalt gepresst und verleihen dem Öl so sein Aroma.
Dazu gibt es in kleinen Flaschen abgefüllten Wein mit Kronkorken, sozusagen als Konkurrenz zum Fla-

schenbier, von einem Weingut in Oestrich-Winkel im Rheingau. Oder Esslack in Gold und Silber, um Steaks, Äpfel, Butterbrote oder Muffins optisch zu veredeln.

Doch damit nicht genug. Die Berlin Lounge führt außerdem Sonnenbrillen von Tod's und John Galliano, Schuhe von Scholl – und zwar unter anderem eine limitierte Linie, die es nur in ausgewählten Schuhläden gibt –, mit großen Blumen und Tieren bedruckte Halstücher von le.sens, wohinter sich eine Hamburger Tuchdesignerin verbirgt, oder Schmuck der Designerin Pavori, die ihre Armbänder mit kleinen Weisheiten veredelt und sie in liebevoll dekorierten Schächtelchen verpackt. Abgerundet wird das Sortiment mit Parfums von Lubin, der ältesten Parfum-Manufaktur Frankreichs.

Zusätzlich zu den einzelnen Produkten kann man in der Berlin Lounge auch alle Möbel kaufen, vom Sessel bis zum Kronleuchter. Die Bar ist davon ausgenommen – hier soll der Kunde verweilen und eines der gesundheitsfördernden Produkte genießen, wie einen Saft aus Granatapfel von Oxitien oder den Makava-Eistee, der damit wirbt „glücklich wie die Sonne" zu machen. Auch deshalb fasst Maria Samos Sanchez ihre Berlin Lounge folgendermaßen zusammen: „Man wird hier schöner, man wird gesünder und man findet Dinge, die man sonst nirgendwo findet, und das in angenehmer Atmosphäre".

Julias Küchenwelt

Julias Küchenwelt
Inhaberin: Angelika Kirsten

Damaschkestraße 6
10711 Berlin

Telefon 0 30 / 32 51 40 22
Telefax 0 30 / 32 51 40 24
www.julias-kuechenwelt.de

Jede gute Party endet – genau, in der Küche! Jeder fühlt sich dort wohl und nicht selten findet man sich spätabends mit seinen Gästen um den Küchentisch versammelt wieder. Egal ob klein und kompakt oder großzügig ausgelegt mit vielen Arbeitsflächen und elegantem Design, eine Küche ist das Herz eines Zuhauses. Wer sich den Wunsch von seiner Traumküche erfüllen möchte, der ist bei Angelika Kirsten und Ingrid Bernard herzlich willkommen.

In Sachen Küchen kann hier jeder, ob individueller Kunde, Bauträger oder Architekt, wirklich aus dem Vollen schöpfen. Dafür greifen Angelika Kirsten und Ingrid Bernard auf ihre jahrelange Erfahrung und ihre bewährten Partner Leicht, RWK, Miele, Gaggenau, KitchenAid und V-ZUG zurück. Dazu kommen jeweils die Materialien, die jede Küche noch hochwertiger machen: Nischenrückwände oder Arbeitsplatten aus Stein, Kunststein, Vidrostone, Glas, Holz oder aus Kunststoff – immer

individuell und passgenau vom Spezialisten. Und nicht nur das, aufgrund ihres gut funktionierenden und bewährten Netzwerks an Berliner Firmen wie Möbel- oder Geräteherstellern, können sie nicht nur eine für den Kunden perfekt passende Küche konzipieren. Sondern sie sind auch in der Lage, ein neues Zuhause bis ins kleinste Detail zu gestalten und den Boden, die Wände, die Möbel, die Dekoration und das Badzubehör in die Planungen mit einzubeziehen, bis ein stimmiges Gesamtkonzept entsteht. „Inzwischen sind immer mehr offene Küchen gewünscht – da muss die Küche auch zum Rest der Wohnung passen", sagt die Inhaberin. Julias Küchenwelt organisiert deshalb die Objektküchenplanung, deren Kalkulation und Ausführung für Architekten und Bauträger ebenso wie den öffentlichen Bereich – von der Teeküche über die hochwertige Wohnküche bis zur barrierefreien Lehrküche.

Besonderen Wert legt Angelika Kirsten darauf, nicht nur Küchen für Junge und Gesunde anzubieten. Als sie selbst einmal vorübergehend gesundheitliche Probleme hatte, machte sie sich

Gedanken, wie auch Kleinwüchsige, Rollstuhlfahrer oder Senioren bedient werden könnten. „Bereits vorhandene Küchen können auf einfache Weise umgerüstet werden; in jede neue Küche kann durch höhenverstellbare Schränke und Spültische Bewegung gebracht werden. Es geht bei der barrierefreien Küchenplanung einfach darum, jedem Menschen einen individuellen Lebensraum zu schaffen, der ihm größtmögliche Selbstständigkeit bietet", so Angelika Kirsten. Ihre Erfahrungen mit dem Thema fanden sogar Eingang in ein Architekturbuch über barrierefreies Bauen.

Die beiden Küchenfeen von Julias Küchenwelt wissen genau, wozu sie raten können und was am Ende die optimale Küche für ihre Kunden ist, denn sie finden sich täglich in ihren Showküchen wieder, um ein Mittagessen zu zaubern. „Man kann die Geräte nur mit Begeisterung erklären, wenn man sie bedienen kann und auch weiß, wie köstlich die Ergebnisse schmecken", weiß Angelika Kirsten. Und sie hält, was sie verspricht. Deshalb sehen Kunden nicht nur individuell geplante Ausstellungsküchen, die die Besonderheiten der beiden Hausmarken Leicht und RWK mit den Ideen der beiden Planerinnen verbinden, sondern sie erleben, dass hier Küchen gelebt werden. Es wird geschnippelt, gegart und geröstet. Die Schränke sind vollgepackt mit Geschirr, Gläsern und Besteck, Vorräten und Gewürzen, und im Kühlschrank stapelt sich allerlei frisches Obst und Gemüse. So sieht der Kunde die Küchen vorab nicht nur in Aktion, er kann auch ermessen wie groß seine zukünftigen Aufbewahrungsmöglichkeiten wirklich sind. Ein weiterer schöner Nebeneffekt der vollausgestatteten Küchen und großzügigen Räume, ist die Tatsache, dass auch zwei Berliner Kochschulen hier regelmäßig ihre Kurse abhalten.

Der Mut, neben Bewährtem auch Neues auszuprobieren, zeichnet Julias Küchenwelt seit jeher aus. So ist das Studio seit kurzem Premiumhändler für KitchenAid, der Marke, die sich bisher fast ausschließlich über ihre in zahlreichen Farben erhältliche Küchenmaschine Artisan definierte. KitchenAid versteht sich inzwischen jedoch als Vollausstatter mit Küchenfronten aus Edelstahl, interessanten Geräten wie Step-Kochfeldern, auf denen Gas und Induktion gleichzeitig funktioniert, Weinkühlschubladen, Eiswürfelbereitern, Schockfrostern oder einer In-Sink-Geschirrspülmaschine. Zu sehen ist die Küche in Julias Küchenwelt seit September 2010 – als coole Insel auf dem imitierten Golfplatz.

Als erstes Berliner Studio konnte Julias Küchenwelt im Herbst 2010 auch Schweizer Präzision auf höchstem technologischen Niveau präsentieren: den Combi Steamer der Edelmarke V-ZUG mit 55 exklusiven Programmen zum GourmetDämpfen. Diese Innovation ermöglicht es jedem Hobbykoch nach programmierten Rezepten von Spitzenköchen zu kochen. Und auch im Januar 2011 wartet Julias Küchenwelt mit einem Ereignis auf. Als besondere Auszeichnung darf sie als erstes Berliner Küchenstudio am Kurfürstendamm die Jette-Küche zeigen. Die Designerin Jette Joop hat mit RWK-Küchen eine Küche entwickelt und bei der Eurocucina im Januar 2011 präsentiert. Nun kann man die Küche in Julias Küchenwelt sehen, anfassen und „genießen".

Lady M

Lady M
Inhaberin: Linda Neumann

Westfälische Straße 43
10711 Berlin

Telefon 0 30 / 8 92 39 34
Telefax 0 30 / 8 92 38 35
www.ladym-dessous.de

Als Linda Neumann im Jahr 2010 das Lady M übernahm, gab es das Dessous-Geschäft schon seit 38 Jahren – und das aus gutem Grund. Denn das Lady M bietet die richtigen Dessous für alle Frauen – egal, ob schmal oder kräftig, ob große oder kleine Körbchengrößen. Diese reichen von A bis I, und wenn man die dazugehörigen Brustunterweiten addiert, führt das Lady M 76 BH-Größen in allen Farben und Formen.

Lingerie soll nicht nur funktionell, sondern auch exklusiv sein. Deshalb ist das Lady M die erste Adresse für verführerische Sets zahlreicher Designer, die optimalen Halt bieten. Egal ob für die Rolle der Freundin, Mutter, Geschäftsfrau – für alle Frauen muss es die passende Lingerie geben: feminin, chic oder romantisch. Denn die richtige Lingerie bringe die Stärken einer Frau optimal zur Geltung und inszeniere den Körper wie ein Kunstwerk, während sie ihre Schwächen bewusst kaschiere, sagt die Inhaberin. Dabei seien kleine Tricks durchaus erlaubt: Slips zum Beispiel, die einen Bauch weg- oder BHs, die eine Körbchengröße hinzuschummeln. Schöne Wäsche bedeutet Lebensqualität und offenbart der Seele einen Hauch von Luxus. Und dieser soll gleich hier beginnen – in entspannter Atmosphäre und bei kompetenter Beratung.

Fünf Damen mit jahrzehntelanger Erfahrung und Leidenschaft für Lingerie stehen Linda Neumann zur Seite, denn die individuelle Beratung ist ein wesentliches Markenzeichen des Fachgeschäftes. Jede Kundin kann sich hier neu vermessen lassen, denn zwei von drei Frauen trügen den falschen BH – sei es bezüglich des Umfangs, sei es bezüglich der Körbchengröße, sagt eine Mitarbeiterin. Damit das nicht so bleibt, nimmt sich jede der Wäscheexpertinnen viel Zeit für die Beratung – denn die Damen wissen genau, ob etwas passt, richtig sitzt und dazu noch verführerisch aussieht. Dazu geben sie Tipps in Stil- und Modefragen: Schließlich soll die Suche nach einem neuen Set auch Vergnügen bereiten. Sie entführen ihre Kundinnen in eine Welt aus Spitze und Seide, in der sie die neusten Kollektionen und Trends vorstellen. Die hauseigene Schneiderin passt das Traummodel zudem individuell auf die Bedürfnisse der jeweiligen Kundin an. Denn ein gut sitzender BH muss sich anfühlen wie eine zweite Haut, darin sind sich die Expertinnen einig.

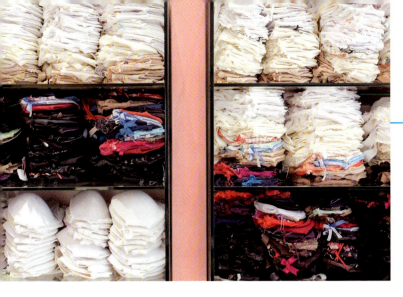

Dasselbe gilt auch für die Bikinis oder Badeanzüge, die sexy und raffiniert, aber gleichzeitig immer auch funktionell sind. Bademoden führt das Lady M übrigens ganzjährig und in allen Größen. Außerdem gibt es Badeschuhe, Blusen und legere Kleider für den Strand – denn der nächste Urlaub kommt bestimmt. Die große Auswahl anziehender Nachtwäsche und schicker Loungeware – perfektes Outfit für kuschelige Abende – rundet das Gesamtangebot ab.

Das Schöne in jeder Frau zu entdecken und gekonnt in Szene zu setzen – das ist und bleibt das Erfolgskonzept, das die neue Inhaberin Linda Neumann engagiert weiterentwickelt. Die Geschäftsräume erhielten einen frischen Anstrich und wirken durch die Ausgestaltung mit viel Holz warm und einladend: idealer Ort für alle Frauen, die auf das gewisse Etwas Wert legen.

Rodan design

Rodan design
Inhaber: Daniel Rodan

Kurfürstendamm 73
10709 Berlin

Telefon 0 30 / 8 85 15 09
Telefax 0 30 / 88 62 91 17
www.rodan.de

Nirgendwo in Deutschland, wahrscheinlich sogar weltweit, dürfte man eine solche Vielfalt und Kreativität und derart außergewöhnlichen Service finden wie bei Rodan. Wer hätte es für möglich gehalten, dass man Leder stricken, häkeln, lasern, plissieren oder smoken kann? – Ja, es geht, wie Daniel Rodan in seinem Geschäft beweist.

Rund 3 500 handgefertigte Unikate sind hier ausgestellt, von hauteng und sexy über flippig und retro bis elegant. Das Angebot geht von klassischen Hirschlederwesten, Jacken, Hemden, Röcken und Hosen über das Lederballkleid bis zum Schwalbenfrack und Bikini in Leder. Außerdem gibt es natürlich zahlreiche Accessoires wie Gürtel, Taschen, Handschuhe, Mützen und Hüte. Es wird gerne kombiniert mit anderen Materialien wie Stoffe, Spitze, Federn und Metall. Selbst für Hunde und Teddybären findet sich ein passendes Outfit. Neben flippigen Stücken bietet Rodan

ganz solide Handwerkskunst, und zwar für jede Größe. Daniel Rodan nimmt sich einfach jedes Kundenwunsches an und hat damit großen Erfolg. Kunden schätzen es, dass mit den passgenauen Teilen sogar die eine oder andere „Schwachstelle" unbemerkt kaschiert werden kann.
Die Basis für die fantastischen Kreationen liefern rund 2 800 Ledersorten in knapp 60 verschiedenen Farben, die im Lager bereitliegen. Und falls das immer noch nicht reichen sollte, kann jedes Wunsch-Leder natürlich auch bestellt werden. Die Leder sind PCP- und AZO-, also schadstofffrei. Das ist Daniel Rodan schon aus Eigeninteresse wichtig, schließlich haben er und sein Team täglich 10 Stunden im Geschäft oder im Atelier mit dem Material zu tun. Grundsätzlich wird auf die Verwendung von Häuten jener Tiere, die unter Artenschutz stehen, verzichtet. Exoten wie Eidechse, Schlange und Krokodil kann man aber trotzdem bekommen – jedoch verständlicherweise nur aus entsprechenden Zuchtbetrieben.
Die Werkstatt ist ein Schmelztiegel an Gestaltungskraft, auch weil bis zu 15 junge Modedesig-

Maßnehmen zum 24- bzw. 48-Std.-Anfertigungsservice

ner ihre Ideen zum Thema Leder und Pelz in eigenen Kollektionen darstellen. So hat hier schon die eine oder andere Modedesignstudentin mit Rodans Hilfe ihren Abschluss mit Auszeichnung bestanden. Für Rodan design ist diese Kooperation nach circa 30-jährigem Bestehen eine willkommene Möglichkeit, den Puls der Zeit zu fühlen. Für den Kunden hingegen erweitert das den Reigen schier unerschöpflicher Kreativität. Auch Prominente wie Tokio Hotel, Tina Turner, Udo Lindenberg, Franziska van Almsick, Arthur Abraham und der Architekt Daniel Libeskind fanden schon den Weg ins Leder-Paradies am Kurfürstendamm. Jette Joop meinte bei ihrem Besuch, Rodan sei quasi das Disneyland für Lederfans. Ungewöhnlich, aber außergewöhnlich passend zur Metropole Berlin ist der Geschäftssitz von Daniel Rodan mit Showroom und Atelier. Es gibt neben laufenden Videopräsentationen der hier agierenden Designer, Schneider, Täschner, Sattler und Kunstmaler, einen 20 m langen Laufsteg, auf dem in regelmäßigen Abständen Modenschauen stattfinden, und durch ein Fenster kann man einen Blick hinter die Kulissen – nämlich in die Werkstatt – erhaschen.

Ein ganz besonderer Service ist Daniel Rodans 24- beziehungsweise 48-Stunden-Anfertigungsservice. Denn das Wort „Dienstleistung" interpretiert er ganz simpel: „Das kommt von Dienen und Leisten". Es ist ein Service wie man ihn sonst nur in Hongkong oder Singapur findet. Ideal

Ledershowroom mit 2800 Lederproben zur Auswahl

für jene Kunden, die nur kurz, vielleicht übers Wochenende, in Berlin sind, und trotzdem eine schicke Jacke oder Hose mit nach Hause nehmen wollen – passgenau und mit „Wohlfühlgarantie". So kann nach dem Maßnehmen an einem Samstagvormittag gegen Abend schon die Anprobe stattfinden, und bereits am darauffolgenden Tag erhält der Kunde das fertig geschneiderte Kleidungsstück perfekt sitzend, da Rodan auch jeden Sonntagnachmittag geöffnet hat. Für Jacken und Mäntel werden ein bis zwei Tage mehr benötigt. Auch Großaufträge nehmen etwas mehr Zeit in Anspruch, zum Beispiel, wenn es um die Ausstattung von Show- und Bühnenprogrammen geht. In so einem Fall kommen die Kostümbildner meist schon mit fertigen Ideen, und Daniel Rodan und sein Team setzen diese dann in die Realität um. „Aus Alt mach' Neu" ist ein Thema, das Daniel Rodan besonders am Herzen liegt. Ganz konträr zum eigentlichen Gedanken von Modekollektionen, die halbjährlich zu wechseln haben, stehen die Materialien Leder und Fell für eine generationsübergreifende Langlebigkeit. Was einem Kürschner üblicherweise nicht gelingt, geschieht hier. Großmutters alter Persianer verwandelt sich in eine „hippe" Bikerweste für die Enkelin. Oder aus zwei zu eng gewordenen Lederhosen und einer Jacke entsteht ein zeitgemäßer Trenchcoat. Nicht nur, dass der Kunde so die häufig hohen Materialkosten spart, sondern das neu entstandene Kleidungsstück steht auch für den Charme vergangener Tage und lieb gewordene Erinnerungen.

Ein weiterer besonderer Service von Rodan ist das kunstvolle Bemalen von Leder. Das altbekannte Problem, dass fast jede Frau nie die passenden Schuhe zum Kleid hat, wird gelöst, indem die mitgebrachten Schuhe passend zum Kleiderstoff bemalt werden. Es kann alles bemalt werden, vom lederbezogenen Bikerhelm im Gothic Style bis hin zur Fliegerjacke mit entsprechenden Pin-up-Girls. Zum 20. Jahrestag des Berliner Mauerfalls bemalten 20 internationale Künstler 20 Kleidungsstücke von Rodan mit ihren Originalmotiven der East Side Gallery – Kunst und Mode gehen bei Rodan sozusagen Hand in Hand und wahrlich nichts scheint hier unmöglich.

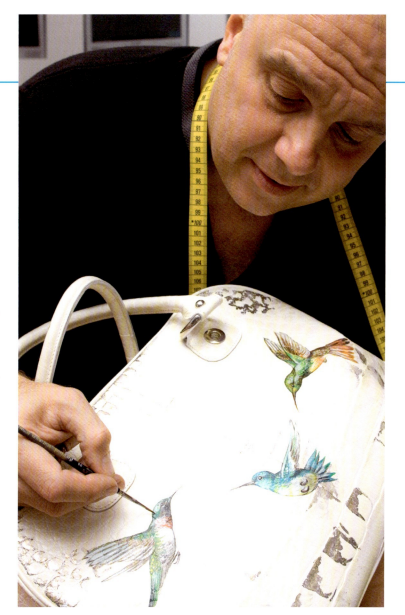

Der Lederdoktor

Der Lederdoktor
Inhaber: Daniel Rodan

Kurfürstendamm 73
10709 Berlin

Telefon 0 30 / 8 85 15 09
Telefax 0 30 / 88 62 91 17
www.rodan.de

Leder ist gegerbte Tierhaut. Es ist ein Naturprodukt von unverwechselbarer Schönheit und Wärme, mit all seinen typischen Unregelmäßigkeiten einer gewachsenen Oberfläche. Leder ist von Natur aus sehr strapazierfähig und langlebig. Trotzdem kommt es langfristig zum Verschleiß. Leder kann ausbleichen, hart und trocken oder manchmal auch beschädigt werden. Bei Problemen mit Leder, und hier ist es völlig egal, ob es sich um beschädigte Autositze, Sitzmöbel, Taschen oder Kleidungsstücke handelt, hilft Rodans Spezialteam unter der Firmierung „Der Lederdoktor".

Zu den Kunden des Lederdoktors zählen zahlreiche Automobilhersteller, Hotels, Fluggesellschaften sowie natürlich, und vor allem, der Individualkunde. Besonders Oldtimer-Liebhaber möchten das Original-Interieur ihres Fahrzeuges in gepflegtem Zustand bewahren. So kann bei der PKW-Innenraumpflege die empfindliche Lederausstattung versiegelt werden. Stark abgegriffene Lederlenkräder oder spröde gewordene Sitzflächen können in einem speziellen Pflegeverfahren wiederhergestellt werden und in neuem Glanz erscheinen. Ein weiterer Bereich ist die Restauration von Ledersitzmöbeln. Hier wird neben professioneller Reinigung und Rückfettung auch das Neueinfärben von ausgeblichenem oder abgenutztem Leder

angeboten. Insbesondere die Beseitigung von Rissen und Brandlöchern sowie das Nivellieren von Katzenkratzspuren gehören zu den Spezialitäten des Lederdoktors.

Der dritte große Sektor ist der Bereich Lederbekleidung und Accessoires wie Taschen, Koffer, Schuhe, Gürtel und Ähnliches. Hier gelingt es dem Spezialistenteam, häufig schon „verloren" geglaubte Lieblingsstücke zu retten oder, wie Rodan scherzhaft meint, zu „verschlimmbessern". Wenn der Kunde die beschädigte Stelle nicht mehr findet, oder wenn der Fleck auf der Tasche einer kunstvollen Bemalung weicht und die Tasche damit nicht nur einzigartig, sondern womöglich das Lieblingsstück der Trägerin wird, dann wurde alles richtig gemacht.

Bei der Restauration von Leder bedarf es häufig eines Ineinandergreifens der unterschiedlichsten Gewerke. Hier zeigt sich die Kompetenz des Lederdoktors, wobei die Arbeit der Lederreiniger und -färber, Schneider, Täschner, Sattler und Kürschner Hand in Hand gehen. Auch internationale Künstler arbeiten mit Rodan, sodass jeder stilistische Wunsch der Kunden erfüllt werden kann, vom darzustellenden Familienwappen bis hin zum abstrakten Muster, antik aussehender Lederoberfläche oder punzierter Prägung. Die Dienstleistungen des Lederdoktors stehen den Kunden an sieben Tagen der Woche zur Verfügung, sogar sonntags am Nachmittag.

Creation Pia Fischer

Creation Pia Fischer
Inhaberin: Pia Fischer

Eisenacher Straße 69
10823 Berlin

Telefon 0 30 / 78 95 09 15
Telefax 0 30 / 78 95 09 15
www.creationpiafischer.de

Das kann man sich erst einmal gar nicht vorstellen: Pia Fischer verarbeitet klassische Kurzwaren zu Mode. Sie zaubert aus Etiketten, Krawatten, Bändern, Reißverschlüssen und Knöpfen von Schmuck über Taschen bis zum Abendkleid alles, was eine Dame zum Ausgehen benötigt. Außerdem Mäntel, Rucksäcke, sowie Taschen für Handy und Laptop in Kleinserien oder als Unikat.

Der Laie bemerkt zunächst nicht, dass verarbeitete Etiketten „Fantasie-Etiketten" sind. Pia Fischer erhält sie kistenweise zugeschickt, und das sei jedes Mal „wie Weihnachten", sagt sie. Denn sie weiß nie, welche und wie viele Etiketten sich in den Sendungen befinden, sodass ihre überschäumende Fantasie bei jedem Päckchen erneut herausgefordert wird.

In den zwölf Jahren, in denen sich Pia Fischer auf die Arbeit mit dem Material Etiketten spezialisiert hat, ist ihr Fundus stark angewachsen. Hinter ihrem Arbeitstisch stapeln sich kleine Kisten, auf denen vorne jeweils ein Exemplar des darin befindlichen Materials aufgeklebt ist. Die Farben reichen von Gelb über Violett bis Braun, Blau und Rot. Es gibt Etiketten mit ausländischen Schriftzeichen, in Brailleschrift und auch mit echten Edelsteinen. Die meisten sind natürlich klein, so wie man sie kennt, aber Pia Fischer hat auch ein Kleid aus einem Riesenetikett gefertigt, das das

Matterhorn zeigt – als Hommage an ihre Schweizer Heimat. Es ist ein echter Hingucker, und ein Einstieg ins Gespräch mit der Designerin. Denn das Gespräch ist Pia Fischer wichtig in einer Zeit, in der die direkte Kommunikation an Bedeutung zu verlieren scheint. Auch die Handytaschen und Boxen, deren Design alten Geldscheinen nachempfunden ist, könnten diesen Zweck erfüllen.

Doch zurück zu den Kleidern! Pia Fischers erstes Kleid, das sie entworfen und genäht hat, ist etwas ganz Besonderes. Nicht nur, weil es das Erste ist, sondern weil sie dafür ausnahmsweise Originaletiketten verwendete. Also solche, die tatsächlich einmal in Kleidungsstücken befestigt waren. Freunde hatten jahrelang beim Sammeln geholfen; die Etiketten hat Pia Fischer dann farblich aufeinander abgestimmt und zusammengenäht.

Häufig orientiert sie sich bei ihren Werken auch an Themen, die ihr von Modenschauen vorgegeben werden. Denn dort stellt sie regelmäßig ihre Modelle vor. Für das Thema „Vier Jahreszeiten" entwarf sie zum Beispiel vier Mäntel. Den Sommermantel zierte unter anderem ein Apfelbaum und viele Sonnenstrahlen – natürlich aus Etiketten. Der extrem lange Wintermantel war aus 2 500 schneeflockenartigen Blüten gefertigt, die Pia Fischer in monatelanger Arbeit aus Bändern gewickelt und mit Strasssteinen verziert hatte. In einer anderen Kollektion bannte sie gekonnt Gemälde von Miró, Matisse, Picasso und Keith Haring auf ihre Kleider, mal mit Kordeln, mal mit Gummi, je nach Kunstwerk. Es brauche im Leben schließlich ein bisschen Mut zur Extravaganz, sagt Pia Fischer, und dieser findet sich in all ihren Kreationen wieder.

Neue Wache

Story of Berlin

Story of Berlin
Geschäftsführer: Bernhard Schütte

Kurfürstendamm 206
10719 Berlin

Telefon 0 30 / 88 72 01 23
Telefax 0 30 / 88 72 02 23
www.story-of-berlin.de

Hinter dieser Adresse auf dem Ku'damm verbirgt sich die wohl spannendste Ausstellung zur Stadtgeschichte Berlins. Durch ein nachgebildetes Mietshaus gelangt der Besucher von Story of Berlin in die Ausstellungsräume und ist auch gleich schon mittendrin.

Geräusche und Lichtspiele begleiten ihn durch die insgesamt 23 Themenräume, in denen die wichtigsten Meilensteine der deutschen Hauptstadtgeschichte im wahrsten Sinne des Wortes miterlebt werden können. Musik, Originaltöne von Zeitgenossen, Videos, ausziehbare Schubladen, lebensgroße Figuren: Berühren ist ausdrücklich erwünscht! Mit diesem Konzept wird Story of Berlin seinem Anspruch, ein Erlebnismuseum zu sein und Geschichte „zum Anfassen" zu bieten, mehr als gerecht. Umfragen zufolge sind 99 Prozent der Besucher begeistert: Die gelungene Inszenierung von Erfahrungswelten lässt ein eigenes Erleben unmittelbar zu. „Und gleichzeitig lernen unsere Besucher auch etwas", so Geschäftsführer Bernhard Schütte, der das Museum mit Begeisterung leitet.

Der Rundgang führt die Besucher zunächst weit zurück in die Zeit, in der Berlin nichts weiter als eine kleine Handelsstadt war, bis der Aufstieg Preußens und im Weiteren die Industrialisierung die Stadt grundlegend veränderten. Viel Platz wird den „Wilden Zwanzigern" eingeräumt, bevor man das untere Stockwerk und damit gleichzeitig die Niederungen der deutschen Geschichte erreicht: die Herrschaft der Nationalsozialisten. Der Weg abwärts durch das Treppenhaus wird von zahllosen Schwarz-Weiß-Aufnahmen geziert, die Personen des damaligen öffentlichen Lebens zeigen. Allerdings: Je tiefer der Besucher hinabsteigt, umso

häufiger finden sich Lücken in der Bilderwand. Begriffe wie „Emigration" oder „Schutzhaft" ersetzen mehr und mehr die Fotos. Im daran anschließenden Gang, in dessen Boden eingelassene Buchrücken an die Bücherverbrennung erinnern, tritt der Besucher die Literatur buchstäblich mit Füßen.
Großen Raum nimmt auch die Geschichte um die deutsch-deutsche Teilung ein. Das große Highlight der Ausstellung findet sich hier: der Atomschutzbunker tief unter dem Kurfürstendamm. Der einzige begehbare – und immer noch einsatzfähige – Bunker dieser Art sollte im Kalten Krieg den Westberliner Bürgern Schutz vor Kurz- und Mittelstreckenraketen der Russen bieten. 3 600 Menschen hätten darin Platz gefunden und 14 Tage lang ausharren können. Der dunkle und Beklemmung verursachende Bunker ist allerdings nicht nur „Ausstellungsstück" – ein paar Mal im Monat geht es selbst hier heiter zu; dann nämlich steht der Bunker für Theateraufführungen, Events, Partys oder Firmenfeiern, zur Verfügung.
The Story of Berlin ist aber nicht nur eine Ausstellung für Erwachsene, auch für Kinder wird hier viel geboten. Neben den bewegten und bewegenden Hot Spots erwartet sie auch eine kleine Überraschung am Ende der Ausstellung, vorausgesetzt, sie sind dem Kleinen Bären aufmerksam gefolgt. Und die Museumsmuffel? Von diesen hat man hier noch nie etwas gehört …

abba Berlin hotel

abba Berlin hotel
Hoteldirektor: Juan Montsinos Santander

Lietzenburger Straße 89
10719 Berlin

Telefon 0 30 / 8 87 18 60
Telefax 0 30 / 88 00 78 51
www.abbahotels.com

Man könnte bei Abba zuerst an eine schwedische Musikband denken – doch das abba Berlin hotel hat seinen Ursprung auf der iberischen Halbinsel, wo die Hotelgruppe 19 Hotels betreibt. Außerhalb Spaniens gibt es unter anderem Häuser in London und Paris – und seit 2009 eben auch in Berlin. „abba setzt immer auf Toplagen in A-Destinationen und spricht vor allem anspruchsvolle Geschäftsreisende und Tagungsgäste an", sagt Sales Manager Steffen Squarra.

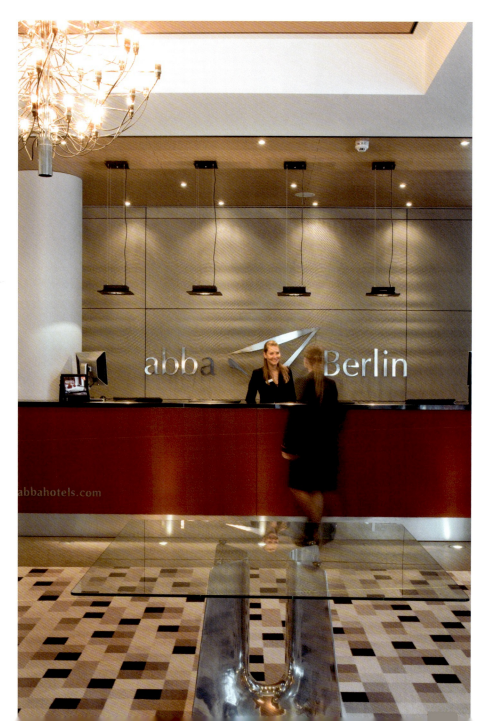

An der Lietzenburger Straße, nur einen Katzensprung vom Kurfürstendamm entfernt, bietet das Vier-Sterne-Haus 216 Zimmer, darunter zehn Superiorzimmer und vier Juniorsuiten. Außerdem gibt es hier das Restaurant abba mia, eine Bar mit Lounge, einen Fitness- und Saunabereich sowie Veranstaltungsräume von fast 500 Quadratmetern. 35 Mitarbeiter, darunter einige aus Spanien, kümmern sich um das Wohl der Gäste. „Mir war es wichtig, auch spanische Mitarbeiter zu beschäftigen, um so unsere Kultur und Lebensart nach Deutschland zu bringen", sagt Hoteldirektor Juan Montesinos Santander, selbst gebürtiger Spanier. Entworfen wurde das abba Berlin hotel vom Berliner Architekturbüro Helge Sypereck, das für ein anderes Projekt bereits mit dem Deutschen Städtebaupreis ausgezeichnet wurde und seine Handschrift beispielsweise an den Berliner Museen für Ostasiatische und Indische Kunst hinterlassen hat. Für die Inneneinrichtung und das Design zeichnen Anton und Eduardo Yeregui verantwortlich, die auch schon andere abba Hotels ausgestattet haben. „Die Inneneinrichtung ist eine Mischung aus modernen spanischen Elementen und gleichzeitig eine Verbeugung vor dem Berlin der Goldenen Zwanziger Jahre – einer Zeit, zu der die Stadt weltweit als Zentrum für urbane Lebensfreude und Kultiviertheit schlechthin galt – ähnlich wie auch heute wieder", erläutert der Hoteldirektor.

Die Zimmer – alle klimatisiert und mit Flachbildschirmen, Minibar, Hosenbügler und Safes in Laptopgröße ausgestattet – bestechen durch ihre helle, freundliche Gestaltung: Böden und Möbel sind aus hellem Holz gefertigt, die Wände fallen durch ihre metallisch schimmernden Tapeten und eine elegante Rundung ins Auge. Wandhohe Spiegel vergrößern die ohnehin schon geräumigen Zimmer zusätzlich und große Fenster lassen viel Licht, aber keinen Lärm ins Innere und garan-

tieren so eine störungsfreie Nachtruhe. In den Badezimmern bieten dunkelrote Tapeten einen wirkungsvollen Kontrast zur weißen Badkeramik, dem Waschtisch aus dunklem Granit und den Boden- und Wandkacheln in verschiedenen Grautönen. Alle Zimmer sind identisch eingerichtet, unterscheiden sich jedoch erheblich in ihrer Größe: Die zehn Superiorzimmer sind zehn Quadratmeter größer als die Standardzimmer und auch die entsprechenden Bäder bieten mehr Platz und Komfort. Die vier Juniorsuiten sind rund 50 Quadratmeter groß. Sie verfügen über ein separates Wohnzimmer mit Bettcouch und sind so auch für Familien geeignet.

Um die Gäste auch kulinarisch verwöhnen zu können, pflegt man die Kunst des Kochens im Restaurant abba mía mit besonderer Sorgfalt. Serviert wird eine moderne, mediterrane Küche, wobei sich die spanischen Ursprünge der Hotelgruppe auch mit einem deutlichen Akzent in der Speise- und Getränkekarte wiederfinden. Außerdem hat Maître Max Thieler jedem Gericht einen korrespondierenden Wein zugeordnet. Beim Rotwein liegt sein Fokus auf den spanischen Anbaugebieten, bei den Weißweinen sind deutsche Reben im Angebot. „Nimm Weine immer aus den Ländern, wo sie am besten sind", erklärt er seine Auswahl.

Für den Ausklang des Abends empfiehlt sich ein Abstecher in die gemütliche Lobbylounge, die durch ihre extravagant hochlehnigen Sessel in karminrotem Samt auffällt, und die daran angrenzende Bar. Hier werden allabendlich die großen Cocktail-Klassiker gemixt und bis spät in den Abend kleine Speisen wie Kartoffeltortilla mit Chorizo oder spanische Wurst-, Schinken- und Käsespezialitäten serviert. Nebenbei können bei aktuellem Anlass Sportveranstaltungen auf Großbildschirm verfolgt werden.

Doch kein Hotel für Geschäftsreisende ohne optimale Tagungsmöglichkeiten! Auf einer Fläche von knapp 500 Quadratmetern können dank flexibler Trennwände bis zu fünf Tagungsräume für Veranstaltungen für bis zu 500 Personen in den unterschiedlichsten Grundrissen angeboten werden. Die technische und technologische Infrastruktur wurde von den Innenarchitekten in ein modernes Design aus hellem Holz integriert. Zusätzlich können Trainings- oder Workshops in acht Breakout-Rooms durchgeführt werden. Die Veranstaltungsräume befinden sich im Erdgeschoss, sodass der Bar- und Restaurantbereich leicht einbezogen werden kann und so die kulinarische Versorgung der Tagungsgäste auf kurzen Wegen realisierbar ist. Veranstalter können aus verschiedenen Tagungspauschalen auswählen und ordern für die Abende meist ein spanisches Buffet, auf dem unter anderem Mallorquinische Süppchen, auf baskische Art zubereiteter Steinköhler oder eine Crème catalane zu finden sind.

OLBRISH – MADE IN BERLIN

OLBRISH
MADE IN BERLIN
Cover Berlin GBR
Inhaber: Wolfgang Olbrisch, Bernd Goebel und
Dorothea Schäfer

Kurfürstendamm 210
10719 Berlin

Telefon 0 30 / 8 81 14 45
Telefax 0 30 / 88 91 28 10
www.olbrish.de

Die Details sind entscheidend. Der leichte Bogen, mit dem sich „Arcade" ergonomisch an die Hüfte der Trägerin lehnt. Der Klappverschluss von „Torso", der nie aus der Fassung gerät – weil er geschraubt und nicht nur geklemmt ist. Oder auch die überraschende Verwandlung von „Blätterwald": Je nachdem, in welcher Reihenfolge die frischen Farben kombiniert werden, entsteht immer wieder ein neuer, harmonischer Dreiklang.

„Bei unseren Taschen verbinden sich klares Design und absolute Alltagstauglichkeit", erklärt Dorothea Schäfer. Sie weiß, was Frauen an Olbrisch-Kreationen schätzen, sie verkauft die schönen Ledertaschen schon seit 20 Jahren. „Neben den durchdachten Details, ist es vor allem der Tragekomfort, der sie zu langlebigen Lieblingsstücken macht", bestätigt sie. Im neuen Flagship Store am Kurfürstendamm präsentiert sie mehr als 60 Modelle in 20 Farben zur Wahl – von Aktentasche bis Abendtäschchen, darunter federleichte Rucksäcke in origineller Knospenform. Und viele Kleinlederwaren: Mini-Pockets mit zwei Fächern, bei denen eigene und fremde Visitenkarten nie mehr durcheinander geraten. Oder Portemonnaies für Damen und Herren mit dreifach verstellbarem Verschluss, je nachdem wie dick das Kleingeld ausfällt.

Entworfen hat alle Olbrish-Produkte Wolfgang Olbrisch. Zeit seines Lebens, erzählt er, beschäftige ihn das Thema. Schon in den 1980er Jahren hätten ihm selbst produzierte Patchwork-Beutel geholfen, sein Studium an der Hochschule der Künste (heute UdK) zu finanzieren. 1990 habe er sich dann bewusst für das Lederdesign entschieden, statt sich der freien Malerei und Bildhauerei zu widmen. Kein falscher Entschluss, wie sich gerade erst gezeigt hat: 2010 hat der inzwischen 63jährige für sein Lebenswerk den Hessischen Staatspreis erhalten – neben vielen anderen Auszeichnungen in den Jahren zuvor, wie dem renommierten „red dot design award best of the best". Seine Kreationen verkaufen sich weltweit, fast die Hälfte geht in den Export, sogar bis nach Japan. Gefertigt aber werden sie in einer Kreuzberger Manufaktur, wo Wolfgang Olbrisch und sein Geschäftspartner Bernd Goebel die exklusiven Modelle im Spannungsbogen zwischen Hightech und Handarbeit produzieren. Es sind vor allem Frauen mit dem schönen, inzwischen seltenen Beruf der Täschnerin, die die Entwürfe sorgsam und eigenverantwortlich fertigen. Und bei jeder einzelnen Tasche auf die perfekte, fehlerfreie Verarbeitung des hochwertigen Materials achten: Das weiche, offenporige Rindnappaleder kommt aus Süddeutschland, wo es nach strengen Öko-Richtlinien gegerbt wurde. Und für das Rosshaar, das der besonders elegant wirkenden „RH-Linie" einen extravaganten Akzent verleiht, musste kein Pferd sein Leben lassen: Das echte Haar wird nur zu einem Drittel aus dem Schweif herausgekämmt und in einer italienischen Weberei nach alter Tradition zu einem edlen Gewebe im Schachbrett- oder barocken Blumenmuster verwoben, wie es schon Friedrich der Große kannte.

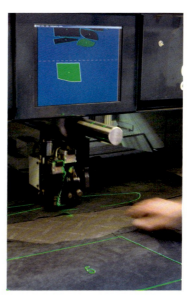

OFF's for Men

OFF's for Men
Inhaber: Eva und Lothar Wilhelm

Joachimstaler Straße 10
10719 Berlin

Telefon 0 30 / 8 83 97 56
Telefax 0 30 / 88 72 94 09
www.offsformen.de

OFF's for Men war schon immer etwas anders als die Anderen. „Normal gäbe es genug", so Lothar Wilhelm, einer der beiden geschäftsführenden Inhaber. Das Geschäft verkauft, wie der Name schon sagt, ausschließlich Herrenkonfektion: Mode für den Mann, der rechts und links mal etwas anderes sucht, ohne sich deshalb gleich zu verkleiden. So sieht sich OFF's for Men, „ein bisschen neben der Spur und doch geradeaus".

Selbstverständlich wird auch die klassische Herrenkonfektion geführt, allerdings wird sie vom OFF's-for-Men-Team so für seine Kundschaft zusammengestellt, dass diese jederzeit jung und anders rüberkommt. „Jung" nicht vom Alter her, sondern vom Kopf. Das Geschäft gibt es bereits seit 1964. OFF steht dabei für die ersten drei

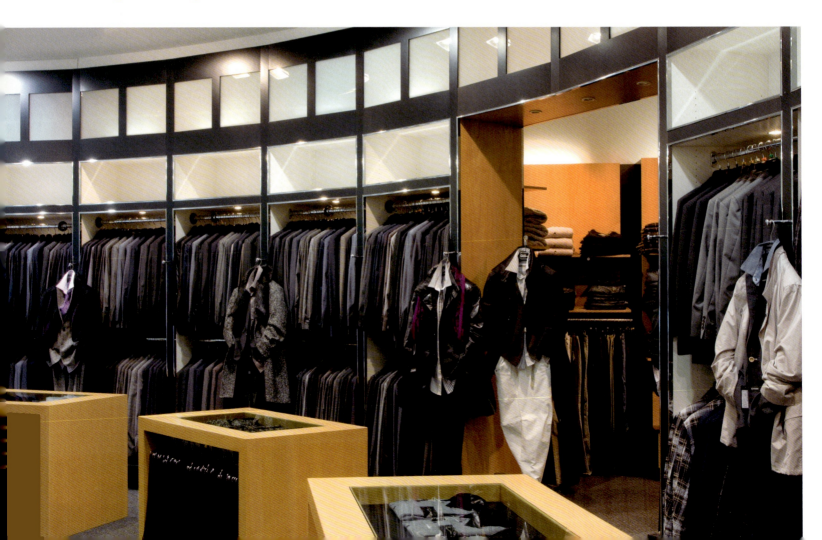

Buchstaben des Nachnamens der Firmengründer Regina und Wolfgang Offczarczyk, die ihr erstes Geschäft in der Wilmersdorfer Straße eröffneten. Danach ging es von 1976 bis 1996 an den Kurfürstendamm, in das damalige Ku'damm Eck, bevor die jüngere Generation – Eva Wilhelm geb. Offczarczyk und Lothar Wilhelm – in die Joachimstaler Straße 10 zogen, nur einen Steinwurf vom alten Standort entfernt.

Die Stammkunden, aber auch viele Geschäftsleute und Touristen aus den umliegenden Hotels schauen regelmäßig vorbei, um bei den mehr als vierzig Kombinationsvorschlägen in den Schaufenstern etwas Neues zu entdecken. Die Dekorationen werden ständig erneuert, schließlich soll der Mann schon von außen sehen, was ihn im Geschäft erwartet.

Beim Verkauf hilft manchmal auch der ladeneigene Hund Ambro, der seit zwölf Jahren entspannt im Geschäft liegt, wenn er nicht gerade draußen alleine Gassi geht. Der Tibetterrier ist ein prima Zeitvertreib für die Kinder der Kunden und gleichzeitig ein lockeres Einstiegsthema bei noch zögerlichen Neukunden, die sich im Geschäft erst einmal umsehen möchten.

Natürlich will OFF's for Men verkaufen, aber nur das Richtige. Der Kunde soll wiederkommen – „erst dann haben wir unsere Sache richtig gemacht", so Lothar Wilhelm.

Denn nur gut angezogene und zufriedene Kunden kämen wieder und seien die beste Werbung, die man haben kann. Unabhängig von figurbetonten und rasant geschnittenen Sakkos, Jacken oder Jeans bietet OFF's for Men auch eine legerere Richtung, zum Beispiel lässig geschnittene Hosen und weitere Sakkos. Denn auch größere und kräftige Männer sollen hier ihr modisches neues Outfit finden, weshalb grundsätzlich alles in den Größen 46 bis 64 bestellt wird. Vieles kommt aus kleineren Manufakturen in Italien, wo noch selbst Einfluss auf Form und Schnitt genommen werden kann. In jedem Fall werden immer nur kleine Serien eines Kleidungsstücks gefertigt – das garantiert dem OFF's for Men Exklusivität.

Les Dessous

Les Dessous
Inhaberin: Tilla Hendriksen

Fasanenstraße 42
10719 Berlin

Telefon 0 30 / 8 83 36 32
Telefax 0 30 / 8 85 40 38
www.les-dessous.de

Tilla Hendriksen liebt alte Filme; insbesondere solche, in denen Stars wie Anna Magnani oder Elizabeth Taylor in verführerisch-erotischen Unterkleidern gezeigt werden. Solche Unterkleider wollte sie deshalb auch haben, solche wollte sie tragen. Aber: In Deutschland konnte sie diese nicht finden. Was also lag näher, als sie selbst herzustellen. Und damit begann die Erfolgsgeschichte von Les Dessous vor mehr als 27 Jahren.

Die Zeit war günstig, die Modebranche erlebte Anfang der 1980er-Jahre einen Boom. Die Tradition, schöne Wäsche zu tragen, lebte wieder auf. Für Tilla Hendriksen war diese Zeit eine der spannendsten überhaupt in Berlin. Ein Gespür für die Welt der Dessous hatte sie schon immer, sagt sie. Auf der Suche nach alten Dessous aus den 1920er- und 1940er-Jahren durchstöberte sie häufig Flohmärkte oder Antiquitätengeschäfte. Sie erstand alte Stoffe, Spitzen und auch Bücher über deren Herstellung und Geschichte, besuchte Museen und sammelte dort viele Eindrücke. Diese regelrecht kunsthistorische Beschäftigung mit der „Mode unter der Mode" inspirierte sie zu ihren eigenen Entwürfen, aber auch dazu, ihre Geschäftsräume von einem Professor für Möbeldesign gestalten zu lassen. So sind zum Beispiel Spiegel und Tisch Originale im Memphis-Stil.

Einige Jahre später entschied sich die mutige Geschäftsfrau, auf internationalen Messen für Luxusgüter Hersteller als Kooperationspartner zu finden, die mit ihrem hohen Anspruch korrespondieren konnten. Denn damals wie heute ist ihr nur das Beste gut genug, Qualität nicht verhandelbar. Genauso wenig wie eine kompetente und einfühlsame Beratung, für die ihre Kundinnen sie sehr schätzen. Denn sie habe einen untrüglichen Blick dafür, was Frauen erotisch macht.

Häufig kommen auch Männer in ihr Geschäft, die für ihre Liebste ein schönes Dessous auswählen, oder Paare, für die ein Dessous von Tilla Hendriksen eine wichtige Erinnerung an ihre erste Begegnung ist – eine große Bestätigung für ihre Arbeit, die sich nicht zuletzt in der verlockenden und begehrten Auswahl zeigt.

Gerade hat Tilla Hendriksen übrigens wieder begonnen, eigene Entwürfe umsetzen zu lassen – natürlich in erlesenster Qualität.

Die Eventagenten

Die Eventagenten
Inhaberin: Claudia Nixdorf

Trautenaustraße 12
10717 Berlin

Telefon 0 30 / 28 88 36 10
Telefax 0 30 / 28 88 36 20
www.die-eventagenten.de

Wer einen erfahrenen Agenturpartner sucht, wendet sich an die Eventagenten. Hier entwickeln sich Konzepte noch mit viel Engagement und Leidenschaft. Angefangen hat alles mit kleineren Straßenfesten, damals noch ohne Internet und moderne Technik, dafür aber handgemacht.

Weiter ging es in mutigen Kreuzzügen über die Baustellen der späteren Automobilhäuser und Shoppingcenter-Riesen. „Mit 700 Mark und viel Optimismus meldete ich im Jahr 1992 das Gewerbe an und war fortan stolz auf das Christiane Wotzka Veranstaltungsbüro", so die Mutter und Gründerin der Agentur. 17 Jahre später blickt sie auf eine bemerkenswerte Erfolgsgeschichte zurück und übergibt das Zepter vertrauensvoll an die junge Nachfolgerin Claudia Nixdorf, die ebenso viel Herzblut in sich trägt und das Unternehmen zielstrebig weiterführt.

„An der Oberschule schwänzte ich den monotonen Sportunterricht, um mir die Modenschau im nahegelegenen Shopping-Center anzusehen. Die Fehlstunde auf dem Zeugnis war mir egal. Ich spürte die Faszination für den Beruf und stieg nach dem Abitur als Praktikantin bei Wotzka & Partner ein." Unter dieser Firmierung fand man die Agentur einige Jahre nach der Gründung im Internet, mit eigener Webseite. Was folgte war eine fundierte Ausbildung und harte Schule, getragen vom unbedingten Willen, das Handwerk eines professionellen Veranstaltungsleiters von der Pike auf zu lernen und autodidaktisch zu ergänzen. Die von Christiane Wotzka definierte und vorgelebte Philosophie wurde behutsam aufgenommen, weitergelebt und auf das heutige Agenturteam übertragen.
Für das Team ist die Arbeit als Eventagent nicht nur ein Job. Es ist eine gemeinsame Haltung, die zu einem gesunden Arbeitsklima und zu gemeinsamem Erfolg führt.
Die Full Service Agentur arbeitet deutschlandweit und hat ein klares Profil aufzuweisen. „Wer seine Kunden verstehen möchte, muss ihnen zuhören." Dass diese Formel aufgeht, beweist die namhafte Referenzliste. Kunden der Agentur setzen auf das besondere Gespür und die individuelle Betreuung in allen Eventphasen. In der täglichen Arbeit verbinden sich Erfahrungswerte, Transparenz, Kenntnisreichtum und budgetorientiertes Handeln zu wirksamen Erfolgsprodukten. „Unsere Kunden schätzen Qualität, Individualität, Emotion und Performance! Nur so können Menschen

authentisch und nachhaltig begeistert werden." Die Agentur ist Partner für verschiedenste Veranstaltungsformate. „Jede Mission wird ernst genommen und verdient zu Recht Aufmerksamkeit." Zuverlässigkeit und Detailorientiertheit sind dabei ein fundamentaler Bestandteil im Umgang mit Projekten. Seit 2003 präsentiert sich das Unternehmen mit finaler Namensgebung unter „Die Eventagenten", das „Wotzka & Partner" rückt dabei in den Untertitel und erinnert an vergangene Etappen. „Wichtig ist, dass man bodenständig und dankbar bleibt".

Strandbar mit Blick auf das Bode-Museum

Restaurants – Bars – Cafes

Es gilt mittlerweile als alter Hut, dass Berlin – kulinarisch gesehen – bis vor ein paar Jahren ein eher trostloses Pflaster war. Eisbein, Bulette, Currywurst – das waren die Gerichte, die man mit der Berliner Küche in Verbindung brachte, und viel mehr fiel auch einem geneigten Besucher auf Anhieb nicht ein. Diese Speisen gibt es immer noch, und sie erfreuen sich nach wie vor großer Beliebtheit. Zwei Currywurst-Buden in Prenzlauer Berg und Kreuzberg, vor denen sich tags wie nachts lange Schlangen bilden, konkurrieren sogar um den Titel der besten Currywurst Berlins. Doch die Zeiten, in denen das alles war, was Berlin an Schmackhaftem zu bieten hatte, sind lange vorbei.

Zum einen haben sich innerhalb von kurzer Zeit viele Sterneköche in Berlin eingefunden, die von klassischen Gerichten über Molekularküche fast alles zaubern, was es zu zaubern gibt. Zum anderen ist das Angebot – dank der Vielfalt an verschiedenen Nationen, die mittlerweile in Berlin zu Hause sind – so vielfältig wie sonst nirgends in Deutschland. Neben der bekannten und bewährten italienischen und französischen Küche gibt es unter anderem russische, türkische, vietnamesische, japanische und afghanische Restaurants, die teilweise eine kulturelle, vor allem aber eine kulinarische Weltreise erlauben. Diese Zuwanderer haben aber nicht nur ihre Spezialitäten mit nach Berlin gebracht, sondern auch die Berliner Küche beeinflusst und verändert – das, was gemeinhin als „Fusion-Küche" bezeichnet wird, ist der Ausdruck davon.

Da Berlin keine Sperrstunde kennt, werden diese Gerichte nicht nur zu den üblichen Zeiten serviert, sondern häufig bis zum Morgen oder rund um die Uhr – ideal für Langschläfer aus der Kreativbranche oder Theaterbesucher. Wen also um

Mitternacht noch der Hunger plagt, der bekommt in einigen Pizzerien immer noch eine ofenfrische Pizza und beim Frischemarkt Fresh 'n' Friends sieben Tage in der Woche rund um die Uhr etwas Leckeres für Zwischendurch. Und da Frühstücken und Brunchen so beliebt sind in der Hauptstadt, ist auch das bis zum späten Abend möglich. Doch Berlin bietet Gastronomie nicht nur zu ungewöhnlichen Zeiten, sondern auch an ungewöhnlichen Orten. So gibt es neben einem lauschigen Friedhofs-Café auch zwei Dunkelrestaurants, wo der Gast im Voraus nur ahnen kann, was ihm wenig später serviert werden wird. Erst, wenn ihn ein Kellner nach dem Mahl wieder ins Obergeschoss begleitet hat, erfährt er, was er zu sich genommen hat – ohne alles wirklich wiederzuerkennen.

Während dieses Abenteuer sich eher in den kalten Wintermonaten anbietet, erwachen mit den ersten wärmenden Sonnenstrahlen im Frühling und Frühsommer die Biergärten zu neuem Leben und bieten den Berlinern eine kleine Pause vom Trubel der Stadt. Zeitgleich schießen entlang der Spree die Strandbars wieder aus dem Boden und bringen Urlaubsflair in die Hauptstadt. Dort bietet sich ein Gläschen Berliner Weiße an, um wieder auf die Traditionen zurückzukommen, die entweder pur oder „mit Schuss", also mit Himbeer- oder Waldmeistersirup, serviert wird. Außerdem gibt es von mehreren Mineralwassern bis zum Cocktail fast alles, was man sich wünscht. Was kaum im Angebot ist, ist Wein aus Berlin, der sich bei den Wein-Vereinen der einzelnen Viertel immer größerer Beliebtheit erfreut. Zwar heißt es beim Weingarten in Prenzlauer Berg, dass Berlin „wohl keine Weinregion mehr werde", aber welcher Tropfen schmeckt besser als der, den man selbst produziert?

GOYA Berlin

GOYA Berlin
Clubmanager: Bork Melms

Nollendorfplatz 5
10777 Berlin

Telefon 0 30 / 4 19 93 90 00
www.goyaberlin.de

Seit 2005 erstrahlt das Goya wieder in neuem Glanz – seit es der Architekt Hans Kolloff in einen Speise- und Tanzclub umgewandelt hat. Im ovalen Tanzsaal, in dem 13 Meter Deckenhöhe und zwei umlaufende von Säulen getragene Emporen eine einzigartige Atmosphäre schaffen, schlägt das Herz des Etablissements. Unter den neuen Betreibern hat sich das Goya zu einem regelrechten Hauptstadtclub entwickelt, in dem nun ein frischer, kreativer Wind weht.

So stellt sich das Goya als moderner Club dar, der alte und neue Elemente gekonnt miteinander verbindet. Geblieben sind der Charme der Zwanziger Jahre und das einmalige Theaterflair, wozu auch Mosaike aus feinstem Glas, Böden aus Holz oder Granit und die mit Leder bespannten Wände beitragen. „Wir glauben an die Magie dieses Ortes. Das Goya ist nicht nur ein Haus mit Tradition, sondern eine der exklusivsten Adressen der Stadt. Das spürt jeder, der die Location betritt, egal ob für Spezialevents, unsere Partys oder zu besonderen Cocktailabenden. Wir sind uns der Historie bewusst und versuchen diese behutsam mit dem neuen Zeitgeist und aktuellen Trends ins Heute zu holen", sagt Goya-Geschäftsführer Michael Andler. Verbessert wurde zum Beispiel die LED- und Soundtechnik. „Wir haben die gesamte Technik neu installiert. Sound und Licht sind jetzt auf dem neuesten Stand. Außerdem haben wir uns der ehemaligen Tapasbar, dem Restaurant und weiterer vernachlässigter Räume angenommen und diese behutsam renoviert. Wir wollten den ursprünglichen Charme unbedingt erhalten und dennoch der

neuzeitlichen Nutzung zuführen", sagt Clubmanager Bork Melms. Denn das Gebäude des ehemaligen Neuen Schauspielhauses gibt es schon eine Ewigkeit. Es wurde bereits 1905 von Boswau & Knauer erbaut, den gleichen Architekten, die auch das weltweit bekannte Kaufhaus KaDeWe entworfen haben. Bis heute ist die imposante Außenfassade aus der damaligen Zeit erhalten.

Im September 2010 hat das neu gestaltete Goya seine Türen wieder geöffnet und wartet seitdem mit einer Vielzahl von Veranstaltungen auf. Der Clubbetrieb findet derzeit von Donnerstag bis Samstag statt, dann wird eine große Auswahl an verschiedenen Partyreihen geboten, darunter Ü30-, Afterwork-, Schlager- oder Balkanparties. Bei der Fox Party sind die Gäste ebenfalls eingeladen, ihr Tanzbein zu schwingen und mitzuschwofen. Wer seine Tanzkenntnisse erst noch auffrischen muss, kann das vorab bei einem Tanzkurs tun. „Im Goya spielen wir nun ein volles Programm für Leute, die es schick mögen. Das passt zu uns. Wir haben verstanden, dass die gediegene Atmosphäre von einer erwachsenen Klientel sehr

gut angenommen wird, und das möchten wir mit unserem Programm bedienen", sagt der Clubmanager über die angebotene Vielfalt bei der Abendgestaltung. Gleichzeitig versteht sich das Goya als ein Ort, an dem Kultur ermöglicht wird. Aufstrebende Künstler aus Berlin, Deutschland, aber auch aus aller Welt, finden hier ihre Bühne.
Darüber hinaus steht das Goya auch weiterhin für private Veranstaltungen jeder Art zur Verfügung, egal, ob für zehn oder für 1000 Personen. Außerdem blieb das bewährte Konzept des Dinnerclubs ELEPHANT erhalten. Hier genießt man zu besonderen Terminen das Erlebnis gehobener Küche und kann die Räumlichkeiten als separate Location mieten. Bei Partys wird das ELEPHANT, dank eines separaten Zugangs, bereits als VIP Area genutzt. So bietet das Goya wirklich für jede Veranstaltung den perfekten Rahmen.

WIELAND Berlin

WIELAND Berlin
Maßschneiderei
Inhaber: Frank Wieland

Grunewaldstraße 5
12165 Berlin (Steglitz)

Telefon 0 30 / 2 18 15 25
www.schneiderei-wieland.de

„Die Sache mit den Designermodellen ist doch die", sagt Frank Wieland vorsichtig: „Die Kleider sehen zwar schön aus, aber wenn Sie nicht zufällig die Maße haben wie die Models, haben Sie schon verloren." Mal schiebt ein größerer Busen das Vorderteil nach oben. Mal hängt die Schulter. Oder ein Abnäher sitzt an der falschen Stelle. Oder. Oder. Oder.

Bei einem maßgeschneiderten Kleid kann das nicht passieren. Das sitzt, wie es soll. Vorausgesetzt, es ist gekonnt gemacht. Und dafür steht der Berliner Maßschneider, der seinen Beruf als Berufung sieht: Von der Pike auf erlernt, weiß Frank Wieland schon beim Maßnehmen, wie das Kleid am Ende aussehen wird. Und wo die individuellen Tücken sitzen, die es auszugleichen gilt, damit die Passform stimmt. „Die Konfektionsgröße ist für ein gutes Aussehen nicht so entscheidend", erklärt er. Viel wichtiger sei es, dass die Proportionen des Körpers optimal zur Geltung kommen: „In die Balance bringen", nennt er das, ganz berlinerisch.

Sieben Jahre lang hat er für das KaDeWe gearbeitet und vor allem an Modellen von Armani, Joop oder Escada exklusive Änderungen vorgenommen. Nun empfängt er – zusammen mit seinem Lebensgefährten Mario, den er ebenso zum Maßschneider ausgebildet hat – seine Kundinnen in der Beletage eines stilvollen Altbaus.

Stoffballen an Stoffballen, meistens in Doppelreihe, füllen die deckenhohen Regale. Gezählt hat er nie, wie viel Material er hier versammelt. „An die 1 000 Stoffe", alles namhafte Fabrikate aus England, Italien und Deutschland, „dazu Spitzen, Bänder, Borden, Knöpfe." Schon seit Jugendzeiten sei das seine Passion, gesteht er. Die andere füllt einen weiteren Raum, die eigentliche Schneiderei: Nähmaschinen für jede erdenkliche Spezialnaht reihen sich zu einem guten Dutzend. Dabei wird in seiner Werkstatt noch sehr viel per

Hand genäht, denn gerade das traditionelle Handwerk ist ihm wichtig: „Das Bewährte zu erhalten und das Neue zu versuchen", heißt sein Ziel und Erfolgsgeheimnis.

Neben individuellen Braut- und Abendkleidern fertigt er vor allem Business-Kleidung. Viele Geschäftsfrauen gehören zu seinem Kundenstamm. „Denn ein perfektes Outfit ist der Garant für Komplimente und einen sicheren Auftritt", erklärt er. Soll heißen: Nur wer sich in seiner Kleidung wohl fühlt, wird auch souverän auftreten.

Besonders mag er den Stil der 1950er und -60er Jahre, als die Mode noch sehr feminin und streng tailliert war. Oder er rät zu schlichten Formen wie dem Etuikleid. „Das können Sie bei jeder Gelegenheit tragen und sind immer richtig angezogen", erklärt er. Und untereinander kombinierbare Garderobe wie Jacke, Blazer, Hose, Rock oder Kleid empfiehlt er ebenso gerne: „Damit sehen Sie, ohne großen Aufwand, jeden Tag anders aus. Und immer gut."

Volkswagen Design Center Potsdam

Massimo 18

Massimo 18
Inhaber: Maximilian Dreier

Mittelstraße 18
14467 Postdam

Telefon 03 31 / 81 71 89 82
Telefax 03 31 / 81 71 89 89
www.massimo18.de

Eine Liebe zu Italien hatte Maximilian Dreier schon immer. Der Sprache war er zwar trotz seiner italienischen Abstammung nicht mächtig, aber nach dem Studium an der Freien Universität in Berlin zog es ihn an das Europäische Hochschulinstitut in Florenz. Dort recherchierte er und lernte nebenbei verschiedene Weine und Weingüter der Toskana kennen.

Wieder zurück in Deutschland, ließ es ihm keine Ruhe, dass in Italien gute Weine in den Kellern lagen, während es im heimischen Deutschland damals nichts Vergleichbares gab. Und weil ihm neben den Weinen und dem Essen auch die italienische Lebensart gefiel, wollte er etwas davon nach Deutschland bringen – und mit einem Weintransport fing er an. Anfangs transportierte er den Wein in großen Gallonen, die erst in Deutschland in Flaschen gefüllt und etikettiert wurden. Außerdem gründete Maximilian Dreier einen Verein, der regelmäßig Veranstaltungen wie Lesungen oder Konzerte oder einfach italienisches Essen anbot und rief im Stadtteil Kreuzberg das Weinfest Sagra del Vino ins Leben.

Es war offenbar die richtige Zeit, da damals noch niemand einen Pecorino oder einen Mozzarella kannte, so Maximilian Dreier. Und obwohl er Autodidakt in der Gastronomie war, zog er auch die Potsdamer Villa Kellermann zu einem Gourmet-Restaurant auf.

Irgendwann eröffnete er parallel dazu in einem der ersten sanierten Häuser eine Weinbar in

Potsdam, doch schließlich wollte er alles in einem Haus vereinen und zog in das Haus des Massimo 18 im Holländischen Viertel ein. Unter einem Dach finden sich nun Weinhandlung, Delikatessengeschäft, Weinbar und Restaurant. Alles ist bis 24 Uhr geöffnet, sodass Durstige und Hungrige auch nachts noch eine gute Flasche Wein, einen Käse oder einen Laib Brot bekommen. Alles in exzellenter Qualität. „Denn da wir gegen Masseneinkäufer nicht konkurrieren können, besteht unsere Daseinsberechtigung nur darin, dass wir zum Beispiel nicht nur Pecorino, sondern eben den besten Pecorino haben", so Maximilian Dreier.

Anschauen kann man sich die frischen Produkte übrigens in einer Vitrine, die so gebaut ist, dass sie gleichzeitig als Ausschank für den morgendlichen Kaffee dienen kann. Solche Ideen für die Einrichtung gehen auf Maximilian Dreier zurück und wurden häufig eher von Künstlern als von Innenarchitekten ausgeführt. Dabei mussten sie die Auflagen des Denkmalschutzes berücksichtigen – das bedeutete, den Komplex möglichst behutsam zu sanieren und alte Strukturen zu erhalten. Boden aus toskanischem Travertin, als kleine Hommage an Italien, war zum Beispiel nur in den Innenräumen erlaubt. Grundsätzlich sind die unteren Räume, wo sich Geschäft und Weinbar befinden, etwas rustikaler eingerichtet, die oberen Räume dagegen etwas eleganter und heller, weil Maximilian Dreier dort auch Kunstwerke befreundeter Künstler aufhängen will. Nach wie vor hat er nämlich eine Schwäche für Kultur. So organisiert er im Sommer Konzerte im Hof oder Veranstaltungen wie die Pasta Opera vor dem Potsdamer Marmorpalais, wo ein Menü musikalisch von professionellen Opernsängern begleitet wird.

Atelier im Hof am Nauener Markt

Atelier im Hof am Nauener Markt
Inhaberin und Geschäftsführerin: Sabine Hüning

Hegelallee 55
14467 Potsdam

Telefon 03 31 / 9 79 30 43
Telefax 03 31 / 9 79 30 43
www.sabine-huening.de

„Es passiert nichts Gutes, außer man tut es." Das ist der Leitspruch von Sabine Hüning, und er bestimmt ihr Handeln. 2003 siedelte sie von Berlin nach Potsdam um und zog dort den Markt am Nauener Tor auf. Erfahrung hatte sie bereits mit dem Markt am Berliner Kollwitzplatz gesammelt, den sie zu dem machte, was er heute ist.

Das Prinzip in Potsdam war das Gleiche: Ein Spezialitätenmarkt mit ausgewählten Lebensmitteln, dazu gutes Kunsthandwerk. Dafür mietet sie zweimal in der Woche die Straße direkt vor ihrer Wohnung und bekommt so schon morgens mit, wie die Stände aufgebaut und die Ware, natürlich von Bioerzeugern, geliefert wird. Ungefähr zwanzig Händler sind das ganze Jahr über auf dem Markt präsent, je nach Saison kommen dann weitere hinzu. So weiß Sabine Hüning auch selbst, was sie auf den Tisch bekommt. Das Marktleben sei jedenfalls ganz wunderbar, sagt sie. Und deshalb hält sie es auch häufig in ihren Bildern fest. Denn Sabine Hüning ist Malerin.
Oft zeichnet sie die Menschen auf dem Markt: die Besucher vor der dortigen Espressomaschine, die Kuchenauslage eines Standes oder Äpfel aus dem

nahe gelegenen Werder. Ihre Wohnung ist voll mit solchen Bildern, sie hängen oder stehen in der Küche, im Wohn- und im Arbeitszimmer. Nicht, weil sie alle so toll findet, wie sie fast schon entschuldigend sagt, sondern weil die Bilder so besser trocknen könnten und sich nicht verzögen. In der Wohnung verstreut finden sich außerdem auch ihre Keramikarbeiten, mit denen Sabine Hüning seinerzeit ihre ersten großen Erfolge hatte. Inzwischen töpfert sie nur noch selten und konzentriert sich künstlerisch voll auf das Malen. Oder sie malt ihre getöpferten Schalen und stellt dann Keramik und Bild zueinander.

Für ihre Kunst wartet sie auch gar nicht auf irgendeine Eingebung. Diese komme ihr beim Malen, für das es vor allem auf den Willen, Übung und Disziplin ankomme. So steht sie morgens um sieben Uhr auf, geht durch den Garten in ihr Atelier, macht Musik an, stellt sich ein Blümchen neben die Farben und legt los. Allerdings zieht sie dann auch hin und wieder in ihr Wohnzimmer um und malt dort weiter. „Im Atelier ist es mir manchmal zu einsam. Vorne, in dem zur Straße gelegenen Wohnzimmer, bekomme ich einfach mehr Leben mit", erzählt sie.

Die Kurse, die Sabine Hüning einmal im Monat anbietet und deren Termine sie neben ihren Ausstellungen auf ihrer Homepage angibt, finden aber natürlich im Atelier statt – oder bei schönem Wetter im Garten. Die Kunstschüler werden an diesem Tag mit dem nötigen Material versorgt und obendrein noch mit einem Mittagessen, bevor am Ende des Tages jeder mit seinem neuen Kunstwerk nach Hause geht.

Holländisches Viertel, Potsdam

Das kleine Apartmenthotel im Holländerhaus

Das kleine Apartmenthotel
im Holländerhaus
Inhaber: Harald Dieckmann

Kurfürstenstraße 15
14467 Potsdam

Telefon 03 31 / 27 91 10
Telefax 03 31 / 27 91 11
www.hollaenderhaus.potsdam.de

Potsdam, das ist die Stadt der Schlösser, Parks und Gärten, der Wissenschaft, Kunst und Kultur. Mitten drin: Das Holländische Viertel, das Friedrich Wilhelm I. um 1740 hat errichten lassen. 134 Häuser aus rotem Backstein – unverputzt, mit weißen Fugen, Fensterläden und geschwungenen Giebeln. Das einzige geschlossene Bauensemble dieser Art außerhalb der Niederlande.

„Es ist dieses besondere Flair, das einen gleich gefangen nimmt", begeistert sich Harald Dieckmann auch nach 15 Jahren noch, jedes Mal, wenn er aus seinem Kleinen Apartmenthotel tritt und durch die Straßen des Viertels spaziert: Zu Fuß sind nicht nur der Neue Garten oder der Heilige See zu erreichen. Barockhaus an Barockhaus reihen sich kleine, noch Inhaber geführte Lädchen mit ausgesuchtem Angebot. Drei Ecken weiter lockt sonnabends ein Genießermarkt. Wer in seinem Apartmenthotel übernachtet, bekommt als persönlichen Service wie selbstverständlich Einkaufstipps und Empfehlung zu aktuellen Kunstausstellungen, Konzerten oder Kabarettprogrammen. „Hier, um uns herum, spielt das Leben", erklärt er.

Dass nur wenig davon ins Haus dringt, gehört vermutlich zu den Geheimnissen alten Bauhandwerks: Wer das Gebäude betritt, verliert sogleich das Gefühl für Zeit und Hektik, möchte schon im Wintergarten zum Hof, wo auch das Frühstück auf Wunsch serviert wird, am liebsten nur noch Zeitung lesen und den Tag genießen. Die Atmosphäre ist freundlich, ruhig und entspannt. An einem Balkon ranken Rosen.

Fast ein Dutzend Apartments hat das Hotel, jedes hat seinen Reiz. Verschieden in Grundriss und Größe und immer individuell eingerichtet, verbinden sich charakteristische Altbauelemente – freigelegte Balken, authentische Wandfarben und geölte Holzdielen – mit modernem Design und innovativen Küchen- und Bad-Einbauten.

Ganz behutsam hat Harald Dieckmann das Haus Stück für Stück saniert und bauliche Details möglichst im Original belassen. Der große Aufwand, der dahinter steckt, lässt sich nur erahnen: Der Keller zum Beispiel musste erst trocken gelegt werden, bevor die Sauna mit Fitnessbereich eingebaut werden konnte. „Diese Häuser stehen auf ehemaligem Sumpfgebiet."

Da passt es gut, dass der passionierte Hotelier eigentlich Architekt ist und seit ein paar Jahren außerdem eine Ziegelei-Manufaktur betreibt, in der die von Hand gestrichenen Ziegel in traditioneller Technik gebrannt werden. Anfang der 1990er Jahre kam er aus Süddeutschland, sah die damals unrestaurierten Holländerhäuser – und blieb. Inzwischen sei er längst „überzeugter Potsdamer", sagt er, wie die meisten der vielen „Neubürger": Man kennt sich. Und schätzt sich. Und das Besondere der Stadt: das kunstsinnige Ambiente, die historische Architektur, die charmante Beschaulichkeit. „Erstaunlich viele Gäste", berichtet er, „wollen nach ein paar Tagen sogar für immer bleiben." Auch dann, ergänzt er, sei man im Kleinen Apartmenthotel gut aufgehoben: Auf Nachfrage gibt es Wochen- und Monatstarife.

Haut- und Lasercentrum Potsdam

Haut- und Lasercentrum Potsdam
Ärztliche Leitung: Dr. Tanja C. Fischer

Bertinistraße 4
14469 Potsdam

Telefon 03 31 / 62 64 48-0
Telefax 03 31 / 62 64 48-99
www.hlcp.de

Das Haut- und Lasercentrum Potsdam widmet sich mit seiner ganzen Kompetenz der Haut. Neben der klassischen Dermatologie einschließlich der Hautkrebs-Vorsorge, Behandlung und Nachsorge, und der operativen Dermatologie haben die Ärzte einen besonderen Schwerpunkt im Bereich der Lasermedizin und ästhetischen Medizin, sowie der Haarmedizin und der Allergologie gelegt.

Mit zwölf modernen Lasersystemen und zehn Blitzlichtlampen zählt das Haut- und Lasercentrum Potsdam zu den bestausgestatten Zentren in Deutschland. Damit kann für jede Hautveränderung der jeweils passende Laser eingesetzt werden. Denn während man früher aus medizinischen oder ästhetischen Gesichtspunkten operieren musste, kann heute oft die schonende Lasermedizin operative Eingriffe ersetzen. Die Bandbreite dieser Technik umfasst zum Beispiel die Behandlung von störenden Haut- und Gefäßveränderungen, wie Warzen oder Besenreisern, die Entfernung von Pigmentflecken und Tätowierungen, oder die langfristige Haarentfernung. Selbstverständlich werden im Haut- und Lasercentrum auch alle anderen Hauterkrankungen behandelt.

Dazu gehören chronische Krankheiten wie Neurodermitis oder Schuppenflechte ebenso wie Sonnenschäden der Haut und die regelmäßige Hautkrebsvorsorge, die von Tanja Fischer besonders groß geschrieben wird. Denn in erster Linie geht es ihr um die Gesundheit der Haut ihrer Patienten und dann nimmt sie sich auch gerne der Schönheit der Haut an. All diese Behandlungen erfolgen in einem einzigartigen und diskreten Ambiente. Denn die private Klinik befindet sich im Haus Mendelssohn-Bartholdy direkt am Ufer des Jungfernsees in Potsdam, Durch den Garten des Anwesens gelangt man zum einladenden Empfangssaal, der gleichzeitig als Warteraum dient. Die Patienten bekommen von freundlichen Helferinnen ein Getränk angeboten, denn eine angenehme Atmosphäre ist Tanja Fischer wichtig. Schließlich seien sowohl die medizinische als auch die menschliche Komponente wichtig, wenn es um die Gesundheit geht, sagt sie.

Und in der Tat bietet das Haut- und Lasercentrum Potsdam eine einzigartige Verbindung einer patientenorientierten Medizin mit dem neuesten Stand der High-Tech-Dermatologie in einem ganz besonderen Ambiente.

Domicil

Domicil

Berliner Straße 89
14467 Potsdam

Telefon 03 31 / 20 09 72 10
Telefax 03 31 / 20 09 72 20
www.domicil.de

Sofort beim Betreten fällt auf, was das Domicil von anderen Einrichtungshäusern unterscheidet: Es sieht bewohnt aus. In den zwei Häusern, auf die sich das Domicil in Potsdam erstreckt, schlendert man durch komplette Raum-Ensembles, egal ob Schlafen, Wohnen, Essen oder Kochen. Die stilistische Bandbreite reicht dabei vom mediterranen und englischen Landhausstil über die französische Villa bis zur eleganten Stadtwohnung und dem modernen Loft.

Für dieses Konzept bot sich die 1900 gebaute Villa Mendelssohn in Potsdam insofern sehr gut an, als die Räume bereits bestanden und nur noch eingerichtet werden mussten. Das war auch für Domicil eine Neuheit. Ganz grundsätzlich sind die Zimmer im Altbau eher üppiger gestaltet, im dahinter platzierten Neubau eher schlichter, und auch die Farben sind hier etwas dezenter gehalten.
Die besondere Stärke von Domicil liegt darin, ein Gesamtkonzept zu erstellen und sämtliche in einem Raum befindlichen Dinge harmonisch

aufeinander abzustimmen, damit Möbel, Teppiche, Lampen, Tischdecken, Bettwäsche und Gardinen harmonisch zueinander passen. Die umfangreiche Kollektion mit über 300 exklusiven Stoffen erlaubt ganz individuelle Einrichtungslösungen für jeden Geschmack.

Und damit sich der Kunde seine spätere Küche oder sein späteres Wohnzimmer auch im Detail gut vorstellen kann, stehen in den Küchen des Domicil Töpfe auf dem Herd, daneben Öl und Gewürze, eine Schale mit Knoblauch und eine Tüte mit Pasta. In den Wohnzimmern liegen aufgeschlagene Bücher, stehen Blumenvasen und Kerzen, hängen gerahmte Fotos oder Bilder an der Wand, in manchen Zimmern läuft ein Fernseher. „Ganzheitlich einrichten, das ist unsere Philosophie. Von der Planung bis zum letzten Schliff", heißt es bei Domicil. Fast alles gehört zum Verkaufsrepertoire – wenn also eine Vase oder ein Gemälde besonders gefällt, kann es gleich mitgenommen werden. Und damit auch wirklich alles zusammenpasst, steht dem Kunden vom ersten Handschlag über die Planung bis zur Auslieferung der Einrichtung ein Innenarchitekt zur Verfügung – nicht wie bei anderen Einrichtungshäusern, wo der Ansprechpartner mit jeder Etage wechselt. Und bei Großaufträgen gehören Hausbesuche beim Kunden selbstverständlich zum Service.

Natürlich werden die Domiciler auch tätig, wenn ein Kunde nur ein neues Sofa braucht – schließlich soll sich auch dies in Größe und Farbe gut in die Wohnung einfügen. „Es geht also über das normale Beraten hinaus", sagt Anne Vosper vom Domicil-Einrichtungshaus in Potsdam. Und das ist noch nicht alles, denn im Domicil bekommt der Kunde zudem eine Empfehlung für eine schöne Wandfarbe, die dann perfekt zu Möbeln, Gardinen und Teppichen passt. Das Malen übernehmen sie zwar nicht, aber was wirklich gut aussieht, wissen die Domiciler natürlich am besten, da sie mit dem Kunden die Einrichtung und die Farbe der verwendeten Textilien besprochen haben.

Havel/Tiefer See, Potsdam

Melior & Partner

Melior & Partner
Inhaber: Tilmann Melior

Bahnhofstraße 1
14532 Stahnsdorf

Telefon 0 33 29 / 61 20 38
Telefax 0 33 29 / 61 20 39
www.melior-partner.de

Der junge Steinmetz Tilmann Melior hat sein Handwerk gelernt: Die großen Steinhauerbaustellen, wie die Frauenkirche in Dresden oder die Kolonnaden in Potsdam, sind ihm bekannt, durch eigene Mitarbeit. Dort wird aus großen Blöcken nach jahrtausendealter Tradition die Form aus dem Stein geschlagen – Stück für Stück, Stein für Stein.

Nach den Lehrjahren in Sachsen erweiterte Tilmann Melior seine Fähigkeiten im väterlichen Betrieb und machte sich sofort an Aufgaben wie zum Beispiel die Rekonstruktion und bildhauerische Ausführung von verlorengegangenen Teilen des Komponistendenkmals im Berliner Tiergarten. Hier war schon die wesentlich schwierigere Ausführung in Marmor gefordert. Doch auch dieses Material liegt Tilmann Melior. Ein nächstes Projekt waren deshalb Skulpturenpostamententeile an der großen Fontäne im Schlosspark Sanssouci. Der Auftraggeber, die Stiftung Preußische Schlösser und Gärten Potsdam, war sehr zufrieden mit der handwerklichen Qualität der Ausführung.
Doch neben solchen Großprojekten sind für den Steinmetz auch kleine Herausforderungen immer wieder reizvoll, zum Beispiel die Rekonstruktion eines Familienwappens anhand von Fotos, um einem Bronzegießer als Modell zu dienen, oder

die detailgenaue Ausarbeitung eines Grabmals nach den Vorstellungen eines Kunden. Die Vielfalt der Aufgaben ist nahezu unendlich.

Um eine andere Perspektive des Berufs zu bekommen, fuhr Tilmann Melior nach Vicenza und ließ sich dort von einem alten Meister einige italienische Techniken zeigen. Vor allem bearbeitete er den dort häufig verbauten weichen, fast weißen Kalkstein, aus dem unter anderem die Villa Rotonda von Palladio ganz in der Nähe von Vicenza gebaut ist. Voll neuer Ideen arbeitet er seitdem als selbstständiger Handwerker überwiegend für die Firma Melior & Partner GmbH Potsdam, ein seit 20 Jahren etabliertes und anerkanntes Unternehmen in der Denkmalpflege.

Doch leider muss die Branche mit einem starken Auftragsrückgang leben, sodass man gut daran tut, sich Nischen und neue Marktpotenziale zu suchen. Das will auch der junge Steinfachmann, weshalb er sich die Frage stellte: Wo kann man in Zukunft mit Stein seinen Unterhalt verdienen?

Nach wie vor besteht großes Interesse an Natursteinprodukten, was man nicht zuletzt an den vielen asiatischen Importprodukten in diversen Großmärkten sehen kann. Tilmann Meliors Ambitionen diesbezüglich liegen im gehobenen Wohnausstattungsbereich: Die unmittelbare Wohnwelt mit hochwertigsten handgefertigten Unikaten zu schmücken – das wäre es.

Dafür stehen die unendliche Vielfalt, Farbigkeit und Schönheit des Natursteins zur Verfügung. Allein in Deutschland werden mehrere tausend unterschiedliche Steinsorten gehandelt. Jede Platte, jedes Stück ist dabei einmalig. Selbst kleinformatige Halbedelsteine werden heute mit raffiniertesten Mitteln zu großformatigen Platten zusammengefügt, die dann zur Ausschmückung von Fußböden, Treppen und Fensterbänken, aber immer mehr auch von Küchen, Bädern und Wänden verwendet werden. Hilfreich für diese Anwendungen sind die sich rasant entwickelnden Bearbeitungstechnologien sowie Werkzeuge und Maschinen. Sie vergrößern den Gestaltungsspielraum ständig und lassen ausgefallene Ideen überhaupt erst möglich werden.

Hier sieht der junge Steinfachmann seine Chancen, und seine Gedanken beginnen sich um ein neues Objekt zu drehen. Was sieht schön aus? Welche Materialien passen am besten zusammen? Kann ich etwas erschaffen, das es so noch nicht gibt? Denn einen Tisch zu bauen, ist an sich vielleicht noch nicht besonders originell, aber beim Material und vor allem bei der Verarbeitung gibt es Möglichkeiten, sich abzuheben. Zum Beispiel durch ein mit Edelstahl kombiniertes blau dominierendes Hartgestein. Der hochglanzpolierte

Stahl und die polierten Steinflächen schaffen ein Höchstmaß edler Ausstrahlung. Das Besondere daran ist außerdem, dass diese Materialien fast jedem Witterungseinfluss standhalten und keine Verschleißerscheinungen zeigen. Ob in schützendem Wohnbereich oder dem offenen Wohndeck – es kann nichts passieren.
Die gleichen Eigenschaften haben auch Tilmann Meliors Steinleuchten. Ein Wegräumen und Trockenstellen ist nicht notwendig, denn kein Wetter kann ihnen etwas anhaben. Die Leuchtstele ist aus einem Diabsgestein auf Edelstahlfuß gefertigt; drei Halogenstrahler mit je 20 Watt sorgen für die Beleuchtung. Solche Stücke sind garantiert Unikate. Einfache Möbel sind sie jedoch nicht, und leicht schon gar nicht. Wer gern und oft umzieht, ist damit deshalb wahrscheinlich nicht so gut bedient – ihre erhabene Festigkeit und Masse ist eher Ausdruck für Ruhe und Beständigkeit. Doch wer genau das zu schätzen weiß, könnte ein Kunde von Tilmann Melior werden.

165

Der Schaumschläger

Der Schaumschläger
Inhaber: Thomas Kurzweg

Bölschestraße 45
12587 Berlin-Friedrichshagen

Telefon 0 30 / 64 09 31 70
www.der-schaumschlaeger.de

Zu Beginn des vergangenen Jahrhunderts gingen Männer noch stilvoll zum Barbier, um sich die Barthaare gepflegt und in angenehmer Atmosphäre stutzen zu lassen – natürlich per Nassrasur. Betritt der interessierte Herr von heute den Schaumschläger in der Bölschestraße, fühlt er sich sogleich in die „Golden Twenties" zurückversetzt.

Auf einer originalen Barbiereinrichtung aus den 1920er Jahren präsentiert Thomas Kurzweg seine exklusiven, nostalgisch anmutenden Waren. Noch kann er keine Barbierdienste anbieten, aber zwei dazugehörende Waschbecken und zwei Stühle weisen auf mögliche Rasiervergnügen in der Zukunft hin. Die Technik einer perfekten Nassrasur und das damit verbundene Gefühl wollte Thomas Kurzweg in seinem Schaumschläger wiederbeleben. „Viele Männer wissen gar nicht, wie man sich richtig nass rasiert. Da wollte ich Hilfestellung geben". Denn während Schaum aus der Sprühdose das Barthaar verhärtet, weicht klassische Rasierseife, die mit Wasser und einem Pinsel aufgeschäumt wird, die Haare auf und entspannt die Haut. Zu diesem Zweck bietet der Inhaber hochwertige Produkte an, deren häufig leicht nostalgische Verpackung – zusammen mit der im Hintergrund

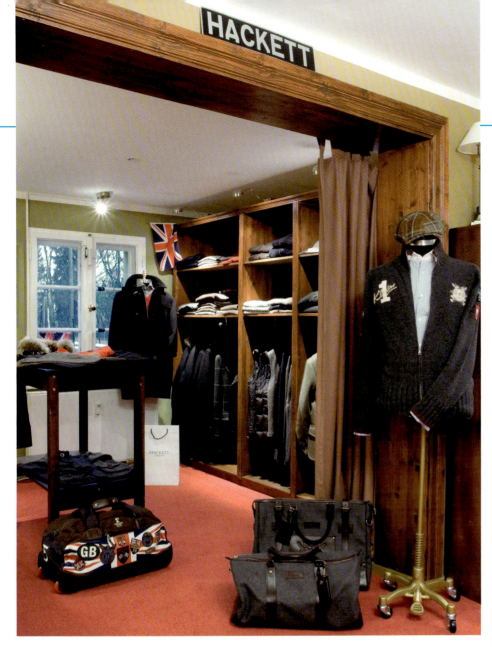

Doch auch die Damen kommen beim Schaumschläger nicht zu kurz. Das Sortiment an Pflegeprodukten und Kosmetik richtet sich gleichermaßen an Damen wie Herren. Darunter sind zahlreiche Produkte von Crabtree & Evelyn, L'Occitane, Knize oder Floris – und natürlich viele Seifen. Entweder sind sie in Scheiben geschnitten und riechen nach Melone oder Grapefruit, oder sie sind aus Schafsmilch gewonnen – als kleines Augenzwinkern sind diese auch in Form eines kleinen Schäfchens erhältlich. Auch hier versprüht der Laden das Flair vergangener Tage und präsentiert die Artikel – darunter auch Bürsten oder Schwämme – auf Holzregalen, in Körben oder Körbchen äußerst ansprechend und mit alten Beschilderungen nachempfundenen Plaketten wie „Aus Frankreich" oder „Aus England", die Aufschluss über die Herkunft der Produkte geben. Zahlreiche Test-Exemplare laden zum Ausprobieren und Riechen ein und am Ende hat der Kunde die Qual der Wahl. Durch die gute Beratung ist jedoch bisher jeder Kunde im Schaumschläger fündig geworden.

zu hörenden Swing-Musik – schnell in eine andere Zeit zurückversetzt. Darunter sind Seifen von Trumper's, Penhaligon's oder Taylor, und natürlich auch Pinsel. Diese kommen entweder von einer alten englischen Bürstenmanufaktur oder aus dem Erzgebirge und sind selbstverständlich aus Dachshaar gefertigt. Dieses Naturhaar speichert Wärme und Feuchtigkeit besonders gut, was für die Schaumbildung wichtig ist.

Um das Sortiment „für den Mann" zu vervollständigen, führt Kurzweg seit 2010 auch eine Ecke mit Bekleidung der englischen Marke Hackett. Vom Polo-Shirt über Hemden, Gürtel, Tweed-Jacketts, Jacken und Smokings kann sich ein Mann hier wie ein echter Gentleman einkleiden und findet zudem noch schicke Taschen für Reise und Freizeit. „Das sind traditionsorientierte Produkte, aber sie haben Pfiff", erklärt Thomas Kurzweg seine Begeisterung für die Marke.

Scheffler's

Scheffler's
Inhaber: Martin Scheffler

Alt-Köpenick 20
12555 Berlin

Telefon 0 30 / 64 32 85 27
www.martinscheffler.de

Einmal im Monat findet im Scheffler's der sogenannte Koch-Club statt. Seit eineinhalb Jahren versammeln sich dazu zehn Personen um Inhaber Martin Scheffler, um zusammen Vorspeisen, Soßen, Suppen, Beilagen, Fleisch, Fisch oder Desserts zuzubereiten. Dabei vermittelt Scheffler den Teilnehmern neben praktischen Kniffen auch theoretische Grundlagen. „Mir gefällt an dem Kurs die Individualität und die Flexibilität. Nicht ich bin es, der die Gerichte vorschlägt, sondern die Teilnehmer. Die wünschen sich mal Salate und mal Königsberger Klopse, oder im Sommer ein Barbecue mit verschiedenen Soßen – und dann wird das gemacht", sagt Martin Scheffler.

Er lobt besonders die Atmosphäre während des Koch-Clubs, da es nicht nur ums Kochen gehe, sondern darum, auf angenehme Art Zeit zu verbringen, über Essen und Wein zu reden und gemeinsam in geselliger Runde zu essen. Da aus Platzgründen nur maximal zehn Teilnehmer an dem Koch-Club teilnehmen können, hat Scheffler kürzlich einen zweiten Kurs ins Leben gerufen. Der große Koch-Tisch, der für solche Zwecke in die Mitte des Bistros geschoben wird, kommt außerdem bei Kindergeburtstagen oder beim Brunch zum Einsatz, wenn das Scheffler's, das rund 15 Personen Platz bietet, komplett gebucht wird. Dann zaubern die Köche vor den Augen der Anwesenden je nach Wunsch ein Omelett oder eine gebratene Maispoularde mit Risotto oder Polenta. Und natürlich können die Kochkünste von Martin Scheffler auch für ein Fest außer Haus gebucht werden.

Doch zuerst einmal ist das Scheffler's ein Bistro, das sich im Ladengeschäft einer ehemaligen Metzgerei befindet, wovon die gekachelten Wände zeugen. Die Regale schmücken zahlreiche Kochbücher, von denen viele von Scheffler's Vater stammen, der ebenfalls Koch war. Wenn Martin Scheffler etwas ganz Spezielles sucht, stöbert er gerne mal in diesen Büchern. „Aber mein Vater hat mir auch so schon viel mit auf den Weg gegeben." Dabei trat Martin Scheffler gar nicht sofort in die Fußstapfen seines Vaters, sondern machte erst eine Ausbildung zum Gas- und Wasserinstallateur. Seit Jahren ist er aber nun mit Leib und Seele Koch und verwöhnt seine Gäste wochentags mit leckeren Speisen – mittags für nur fünf Euro. Dahinter steckt die Idee, Menschen, die in der Gegend arbeiten, schnell etwas Gutes zu essen anzubieten. Denn die Zutaten sind immer frisch. „Natürlich habe ich auch mal am Vortag eine Vorstellung von dem, was ich den Gästen am nächsten Tag servieren möchte – die endgültige Entscheidung fällt aber, wenn ich die Ware am Morgen kaufe." Anschließend wird alles ohne Zusatzstoffe zubereitet, von der Brühe über die Soße bis zum Kartoffelpüree. Trotzdem gibt es immer auch einige „Klassiker" des Scheffler's, wie die Currywurst mit frischer Currysoße, in der Bananen, Äpfel, Curry und Zwiebeln verarbeitet werden, oder die gebratene Hähnchenleber auf Feldsalat mit Himbeervinaigrette. Bei solchen Köstlichkeiten wünscht man den Gästen gerne „Guten Appetit!".

Gut Klostermühle natur resort & medical SPA

Gut Klostermühle natur resort & medical SPA
Inhaber: Walter Brune

Mühlenstraße 11
15518 Madlitz-Wilmersdorf, OT Alt Madlitz

Telefon 03 36 07 / 59 29-0
Telefax 03 36 07 / 59 29-150
www.gutklostermuehle.com

Kaum eine Autostunde von Berlin entfernt liegt direkt am Madlitzer See eine paradiesische Idylle für zivilisationsgeplagte Großstädter. Natur Resort Gut Klostermühle heißt das Zauberwort für diese Hotel- und Medical-Spa-Anlage, die exklusiver nicht sein könnte – ein idealer Rekreationsort für Menschen, die sich vom Alltag loslösen und neue Energie schöpfen möchten.

„Als wir zum ersten Mal hierher kamen, waren wir beeindruckt von der Ruhe, die von diesem Ort am See mitten im Wald ausgeht, und von der Kraft, die er ausstrahlt. Das müssen auch die Mönche früher gespürt haben", sagt die Geschäftsführerin Renate Brune. Denn bereits im 14. Jahrhundert siedelten Karthäusermönche am Madlitzer See und nutzten dessen Wasser für eine Mühle, die die Bewohner der umliegenden Gegend jahrhundertelang mit Mehl versorgte – und dem Gut Klostermühle seinen noch heute gültigen Namen gab. Die kontemplative Atmosphäre des Ortes geht im Gut Klostermühle eine spannende Synthese aus luxuriöser Gastlichkeit und einem hochprofessionellen Medical Spa ein. Gäste können zwischen romantischen Zimmern im historischen Fischerhaus oder der Klostermühle wählen. Beide sind im exklusiven Landhausstil eingerichtet und zeichnen

sich durch eine unangestrengte Wohlfühlatmosphäre aus, die sich fast wie Zuhause anfühlt. Mit zwei Residenz-Häusern mit Seeblick im puristisch skandinavischen Design oder edlem Country-Interieur haben die Brunes separierte Unterkünfte für Gäste geschaffen, die maximale Privatsphäre wünschen. „Die Häuser werden gerne von Prominenten genutzt, weil sie etwas versteckt liegen. Das ist überhaupt das Schöne an unserem Gut, dass es eben kein großer Komplex ist, sondern dass es aus mehreren Häusern besteht, die eine gewisse Privatsphäre ermöglichen." Außerdem gibt es die Forsthaus-Apartments für naturliebende Individualisten. „Die Apartments eignen sich für Gäste, die länger bei uns bleiben. Oder für die Reiter, die einen ganz anderen Rhythmus haben und deshalb unabhängiger sein wollen", so Brune.

Absolutes Highlight des Gut Klostermühle ist das 2 500 Quadratmeter große Medical Spa, das mit herkömmlichen Wellnessbereichen nur die luxuriöse Ausstattung gemein hat. Hier entspannen und regenerieren Menschen, die im Alltag unter besonderem Druck stehen und viel leisten müssen – nicht umsonst relaxen an diesem Ort in aller Diskretion prominente Persönlichkeiten aus Wirtschaft, Politik, Sport und Kultur. Das Spa ist von fast allen Zimmern über eine Tunnelgalerie im Bademantel erreichbar und bietet neben einem

Innen- und Außenpool verschiedene Saunen, Dampf- und Solebäder sowie ein hochmodernes Fitnessstudio mit Kinesiswand und neuesten Sportgeräten. Dazu kommen Prävention und Salutogenese unter ärztlicher Leitung, wo sowohl fernöstliche Weisheiten als auch westliche Wissenschaften zum Einsatz kommen, sowie verschiedene Kurse wie Yoga, die für maximale Entspannung von Körper und Geist sorgen. Ob es nun die Anti-Burn-out-Therapie oder eine Ayurveda-Behandlung ist – hier können Gäste in kurzer Zeit erstaunliche Regenerationserfolge erzielen und vitale Reserven für Alltagsanforderungen aufbauen. Ergänzend zu den Programmen des Medical Spa wirken Spaziergänge durch die umliegende Natur, ausgedehnte Laufausflüge oder ein Ausritt zu Pferd entspannend. In der modernen Reitanlage bieten geschulte Reitlehrer ein vielseitiges Kurs- und Ausbildungsangebot für Anfänger, Fortgeschrittene und Wiedereinsteiger an.

„Für eine gewisse innere Ausgewogenheit und Balance muss einfach vieles Zusammenkommen: ein Wohlgefühl, ein angenehmer Service, Entspannung im Spa, Sport – und Kultur", so Brune. Deshalb wird auch das Theaterforum auf Gut Klostermühle regelmäßig genutzt, das sich in den ver-

gangenen Jahren zu einem kulturellen Treffpunkt für Kunst- und Musikliebhaber aus der Region und darüber hinaus entwickelt hat. Klassik, Jazz, Theater, Ballett, Kabarett – all das wird im Theaterforum geboten. Zudem fördern die Brunes junge Künstler und Musiker, damit diese Erfahrung vor Publikum sammeln können und die Gäste von Kunst auf hohem Niveau profitieren. Auch etablierte Künstler treten im Gut Klostermühle auf, so gibt hier auch schon mal das Kammerorchester der Komischen Oper Berlin ein Konzert.

Das Gut Klostermühle wäre nicht das, was es ist, wenn die Besitzer nicht auch mit einem besonderen Gastronomie- und Ernährungskonzept aufwarten könnten: „Als wir mit dem Projekt begonnen haben, war der Gesundheitsaspekt für uns ein wichtiges Kriterium. Wellness-Hotels gab und gibt es wie Sand am Meer. Doch wir wollten auch der Tatsache Rechnung tragen, dass immer mehr Menschen sich ungesund ernähren, zu wenig Sport treiben oder gar unter dem Burn-out-Syndrom leiden. Da wollen wir vorbeugend eingreifen, ohne jedoch wie eine Klinik aufzutreten." Genießer haben die Wahl zwischen drei Restaurants des Resorts, in denen die Küchencrew von Gut Klostermühle Spezialitäten auf hohem Niveau bietet. Erst im Herbst 2010 wurde Küchenchef Peter Krüger mit dem „Brandenburger Meisterkoch 2010" ausgezeichnet. In der Begründung der Jury hieß es, „Peter Krüger kocht ohne Klischees und setzt mit besten Zutaten gekonnt Akzente in der modernen Regionalküche".

In der urigen Klosterscheune, die im 14. Jahrhundert von den Karthäusermönchen erbaut wurde, werden brandenburgische Spezialitäten mit Fisch und Fleisch aus der Region serviert. Während die Gäste den traumhaften Blick übers Wasser genießen, serviert ihnen das freundliche Personal die fangfrischen Leckereien aus dem Madlitzer See und den umgebenden Wäldern. Das elegante Restaurant Klostermühle mit erlesenem Weinkeller kredenzt eine moderne regionale Küche mit mediterranem Touch. Dass leckeres Essen gesund sein kann, beweist das Restaurant Finckenlounge, das auf eine ausgewogene Vital- und Detoxküche zur Entgiftung des Körpers spezialisiert ist. Hier hat sich das Team zur Aufgabe gemacht, kalorienbewusste, leichte Küche neu zu interpretieren und serviert Speisen, die Körper und Geist beleben und die Selbstheilungskräfte unterstützen – gesundes Leben kann so schön sein!

Hans Otto Theater, Potsdam

Alles auf einen Blick

18_14 oz. Berlin
Geschäftsführer und Inhaber: Karl-Heinz Müller
Neue Schönhauser Straße 13
10178 Berlin
Telefon 0 30 / 28 04 05 14
store@14oz-berlin.com
www.14oz-berlin.com
http://14oz-berlin.blogspot.com/

124_abba Berlin hotel
Hoteldirektor: Juan Montsinos Santander
Lietzenburger Straße 89
10719 Berlin
Telefon 0 30 / 8 87 18 60
Telefax 0 30 / 88 00 78 51
berlin@abbahotels.com
www.abbahotels.com

64_Adlon Day Spa
Behrenstraße 72
10117 Berlin
Telefon 0 30 / 3 01 11 72 00
Telefax 0 30 / 3 01 11 72 70
info@adlon-day-spa.de
www.adlon-day-spa.de

28_a propos
Inhaberin: Branka Vieten
Dircksenstraße 42–44
10178 Berlin
Telefon 0 30 / 97 00 55 60
Telefax 0 30 / 97 00 51 80
branka.vieten@web.de

150_Atelier im Hof am Nauener Markt
Inhaberin und Geschäftsführerin: Sabine Hüning
Hegelallee 55
14467 Potsdam
Telefon 03 31 / 9 79 30 43
Telefax 03 31 / 9 79 30 43
www.sabine-huening.de

94_Atelier und Galerie Sheriban Türkmen
Inhaberin: Sheriban Türkmen
Bleibtreustraße 1
10623 Berlin
Telefon 0 30 / 29 77 08 10
Telefax 0 30 / 29 77 08 10
sheriban@bilderschmuck.de
www.bilderschmuck.de

104_Berlin Lounge
Beauty.Wellness.Lifestyle
Inhaberin: Maria Samos Sanchez
Giesebrechtstraße 18
10629 Berlin
Telefon 0 30 / 52 68 68 29
frage@berlin-lounge.com
www.berlin-lounge.com

16_bubble.kid berlin
Inhaber: Lene und Stefan König
Rosa-Luxemburg-Straße 7
10178 Berlin
Telefon 0 30 / 94 40 42 52
Telefax 0 30 / 94 40 42 53
info@bubblekid.de
www.bubblekid.de

24_Burg & Schild
Inhaber: Shane Brandenburg, Kay Knipschild
Rosa-Luxemburg-Straße 3
10178 Berlin
Telefon 0 30 / 24 63 05 01
Telefax 0 30 / 27 89 09 67
info@burgundschild.com
www.burgundschild.com

40_CAMP4 HandelsGmbH
Geschäftsführer: Mathias Hascher, Anke Kunst, Andreas Hille
Karl-Marx-Allee 32
10178 Berlin
Telefon 0 30 / 2 42 66 34
Telefax 0 30 / 2 42 32 21
info@camp4.de
www.camp4.de

38_Charleston House Berlin
Inhaberin: Tamara Freifrau von Mueffling
Wörther Straße 20
10405 Berlin
Telefon 0 30 / 44 04 36 41
Telefax 0 30 / 4 42 64 33
info@charleston-berlin.de
www.charleston-berlin.de

30_Crazy Walk
Inhaberin: Marcella Kahn
Alte Schönhauser Straße 50
10119 Berlin
Telefon 0 30 / 20 14 39 30
Telefax 0 30 / 20 14 39 31
info@crazy-walk.com
www.crazy-walk.com

118_Creation Pia Fischer
Inhaberin: Pia Fischer
Eisenacher Straße 69
10823 Berlin
Telefon 0 30 / 78 95 09 15
Telefax 0 30 / 78 95 09 15
info@creationpiafischer.de
www.creationpiafischer.de

78_Dalí – Die Ausstellung am Potsdamer Platz
Eingang Leipziger Platz 7
10117 Berlin – Mitte
Telefon 07 00 / 32 54 23 75 46
info@DaliBerlin.de
www.DaliBerlin.de

154_Das kleine Apartmenthotel im Holländerhaus
Inhaber: Harald Dieckmann
Kurfürstenstraße 15
14467 Potsdam
Telefon 03 31 / 27 91 10
Telefax 03 31 / 27 91 11
www.hollaenderhaus.potsdam.de

116_Der Lederdoktor
Inhaber: Daniel Rodan
Kurfürstendamm 73
10709 Berlin
Telefon 0 30 / 8 85 15 09
Telefax 0 30 / 88 62 91 17
info@rodan.de
www.rodan.de

166_Der Schaumschläger
Inhaber: Thomas Kurzweg
Bölschestraße 45
12587 Berlin-Friedrichshagen
Telefon 0 30 / 64 09 31 70
info@der-schaumschlaeger.de
www.der-schaumschlaeger.de

84_design store
Inhaber: Martin Nowak
Helmholtzstraße 2-9
10587 Berlin
Telefon 0 30 / 3 15 24 84
Telefax 0 30 / 3 15 24 85
mail@design-store.de
www.design-store.de

134_Die Eventagenten
Inhaberin: Claudia Nixdorf
Trautenaustraße 12
10717 Berlin
Telefon 0 30 / 28 88 36 10
Telefax 0 30 / 28 88 36 20
info@die-eventagenten.de
www.die-eventagenten.de

158_Domicil
Berliner Straße 89
14467 Potsdam
Telefon 03 31 / 20 09 72 10
Telefax 03 31 / 20 09 72 20
berlin@domicil.de
www.domicil.de

70_Gabriele Restaurant
Behrenstraße 72
10117 Berlin
Telefon 0 30 / 20 62 86 10
Telefax 0 30 / 3 01 11 71 75
gabriele@gabriele-restaurant.de
www.gabriele-restaurant.de

34_Goldschmiede Claudia Bätge
Inhaberin: Claudia Bätge
Kollwitzstraße 44
10405 Berlin
Telefon 0 30 / 4 45 33 13
Telefax 0 30 / 4 45 33 13
baetge@baetge-schmuck.de
www.claudiabaetge.com

140_GOYA Berlin
Clubmanager: Bork Melms
Nollendorfplatz 5
10777 Berlin
Telefon 0 30 / 4 19 93 90 00
www.goyaberlin.de

170_Gut Klostermühle
natur resort & medical SPA
Inhaber: Walter Brune
Mühlenstraße 11
15518 Madlitz-Wilmersdorf, OT Alt Madlitz
Telefon 03 36 07 / 59 29-0
Telefax 03 36 07 / 59 29-150
info@gutklostermuehle.com
www.gutklostermuehle.com

96_Hannelore Günther – Mode Wohnen Schmuck
Inhaberin: Hannelore Günther
Niebuhrstraße 1
10629 Berlin
Telefon 0 30 / 8 83 33 02
Telefax 0 30 / 8 81 25 13
hanneloreguenther@t-online.de

156_Haut- und Lasercentrum Potsdam
Ärztliche Leitung: Dr. Tanja C. Fischer
Bertinistraße 4
14469 Potsdam
Telefon 03 31 / 62 64 48-0
Telefax 03 31 / 62 64 48-99
dr.fischer@hlcp.de
www.hlcp.de

50_Icke & Friends
Inhaber: Marcus und Christopher Hertel
Bergmannstraße 90
10961 Berlin
Telefon 0 30 / 60 93 66 69
info@ickeandfriends.de
www.ickeandfriends.de

22_J.Büchner
Inhaber: Jens Büchner
Rosa-Luxemburg-Straße 22
10178 Berlin
Telefon 0 30 / 20 05 92 29
Telefax 0 30 / 20 05 92 28
info@j-buechner.de
www.j-buechner.de

106_Julias Küchenwelt
Inhaberin: Angelika Kirsten
Damaschkestraße 6
10711 Berlin
Telefon 0 30 / 32 51 40 22
Telefax 0 30 / 32 51 40 24
julias-kuechenwelt@arcor.de
www.julias-kuechenwelt.de

60_Koreanisches Kulturzentrum
Kulturabteilung der Botschaft der Republik Korea
Leiter: Gesandter-Botschaftsrat Byung Koo Kang
Leipziger Platz 3
10117 Berlin
Telefon 0 30 / 26 95 20
Telefax 0 30 / 26 95 21 34
mail@kulturkorea.de
www.kulturkorea.de

110_Lady M
Inhaberin: Linda Neumann
Westfälische Straße 43
10711 Berlin
Telefon 0 30 / 8 92 39 34
Telefax 0 30 / 8 92 38 35
kontakt@ladym-dessous.de
www.ladym-dessous.de

46_Leder Dago Engler
Inhaber: Dago Engler
Bergmannstraße 90
10961 Berlin
Telefon 0 30 / 6 91 37 52
Telefax 0 30 / 6 94 26 08

132_Les Dessous
Inhaberin: Tilla Hendriksen
Fasanenstraße 42
10719 Berlin
Telefon 0 30 / 8 83 36 32
Telefax 0 30 / 8 85 40 38
info@les-dessous.de
www.les-dessous.de

74_Liquidrom
Betriebsleiterin: Nicola Nagel
Möckernstraße 10
10963 Berlin
Telefon 0 30 / 2 58 00 78 20
Telefax 0 30 / 2 58 00 78 29
info@liquidrom-berlin.de
www.liquidrom-berlin.de

82_Lorenz Adlon Weinhandlung
Behrenstraße 72
10117 Berlin
Telefon 0 30 / 3 01 11 72 50
Telefax 0 30 / 3 01 11 72 51
concierge@adlon-wein.de
www.adlon-wein.de

52_Lunamaro
Inhaber: Amaro Hubert Wieser
Bergmannstraße 105
10961 Berlin
Telefon 0 30 / 69 40 13 97
Telefax 0 30 / 69 40 13 98
info@lunamaro.de
www.lunamaro.de

Sredzkistraße 34 / Ecke Husemannstraße
10435 Berlin
Telefon 0 30 / 44 03 98 35
info@lunamaro.de
www.lunamaro.de

88_Maccas Haircouture
Inhaber: Can Maccas
Knesebeckstraße 20–21
10623 Berlin
Telefon 0 30 / 54 71 08 80
Telefax 0 30 / 54 71 08 81
info@maccas.de
www.maccas.de

36_Maison la Provence
Inhaberin: Antje Seeck
Knaackstraße 76
10435 Berlin
Telefon 0 30 / 86 20 07 37
Telefax 0 30 / 86 20 07 37
maisonlaprovence@t-online.de
www.maison-la-provence.de

66_m·a·o·a restaurantloungebar
Inhaber: Heinrich Käfer
Leipziger Platz 8
10117 Berlin
Telefon 0 30 / 22 48 80 87
Telefax 0 30 / 22 48 88 70
info@maoa.de
www.maoa.de

148_Massimo 18
Inhaber: Maximilian Dreier
Mittelstraße 18
14467 Potsdam
Telefon 03 31 / 81 71 89 82
Telefax 03 31 / 81 71 89 89
info@massimo18.de
www.massimo18.de

162_Melior & Partner
Inhaber: Tilmann Melior
Bahnhofstraße 1
14532 Stahnsdorf
Telefon 0 33 29 / 61 20 38
Telefax 0 33 29 / 61 20 39
info@melior-partner.de
www.melior-partner.de

102_Melrose
Inhaberin: Sigrid Oehler
Walter-Benjamin-Platz 1
10629 Berlin
Telefon 0 30 / 3 23 59 94
note@melrose-germany.de
www.melrose-germany.de

90_Nanna Kuckuck – Haute Couture
Inhaberin: Nanna Kuckuck
Bleibtreustraße 52
10623 Berlin
Telefon 0 30 / 31 50 71 50
nanna.kuckuck@berlin.de
www.nanna-kuckuck.com

130_OFF's for Men
Inhaber: Eva und Lothar Wilhelm
Joachimstaler Straße 10
10719 Berlin
Telefon 0 30 / 8 83 97 56
Telefax 0 30 / 88 72 94 09
info@offsformen.de
www.offsformen.de

128_OLBRISH
MADE IN BERLIN
Cover Berlin GBR
Inhaber: Wolfgang Olbrisch, Bernd Goebel und Dorothea Schäfer
Kurfürstendamm 210
10719 Berlin
Telefon 0 30 / 8 81 14 45
Telefax 0 30 / 88 91 28 10
storeberlin@olbrish.de
www.olbrish.de

44_pantinchen
Inhaberin: Clea Stanischewsky
Pücklerstraße 19
10997 Berlin
Telefon 0 30 / 81 86 59 08
Telefax 0 30 / 81 86 59 07
wir@pantinchen.de
www.pantinchen.de

26_Red Wing Shoes
Inhaber: Shane Brandenburg, Kay Knipschild
Münzstraße 8
10178 Berlin
Telefon 0 30 / 28 49 37 03
info@redwing-berlin.de
www.redwing-berlin.de

112_Rodan design
Inhaber: Daniel Rodan
Kurfürstendamm 73
10709 Berlin
Telefon 0 30 / 8 85 15 09
Telefax 0 30 / 88 62 91 17
info@rodan.de
www.rodan.de

92_Rue Tortue
Inhaberin: Julia Porrée
Knesebeckstraße 17
10623 Berlin
Telefon 0 30 / 81 01 09 18
Telefax 0 30 / 81 01 09 19
info@rue-tortue.de
www.rue-tortue.de

168_Scheffler's
Inhaber: Martin Scheffler
Alt-Köpenick 20
12555 Berlin
Telefon 0 30 / 64 32 85 27
ms@martinscheffler.de
www.martinscheffler.de

122_Story of Berlin
Geschäftsführer: Bernhard Schütte
Kurfürstendamm 206
10719 Berlin
Telefon 0 30 / 88 72 01 23
Telefax 0 30 / 88 72 02 23
info@story-of-berlin.de
www.story-of-berlin.de

76_uma Restaurant und Shochu Bar
Behrenstraße 72
10117 Berlin
Telefon Restaurant 0 30 / 3 01 11 73 24
Telefon Bar 0 30 / 3 01 11 73 28
www.uma-restaurant.de
www.shochubar.de

144_WIELAND Berlin
Maßschneiderei
Inhaber: Frank Wieland
Grunewaldstraße 5
12165 Berlin (Steglitz)
Telefon 0 30 / 2 18 15 25
www.schneiderei-wieland.de

42_ZiB – Zeit in Berlin
Geschäftsführer: Peter Schulze
Propststraße 1
10178 Berlin
Telefon 0 30 / 40 00 65 56
Telefax 0 30 / 40 00 65 53
info@zib-uhrenatelier.de
www.zib-uhrenatelier.de

Besondere Adressen für Sie entdeckt ...

ISBN 978-3-86528-473-0
24,1 cm x 30,6 cm

ISBN 978-3-86528-441-9
24,1 cm x 30,6 cm

ISBN 978-3-86528-442-6
24,1 cm x 30,6 cm

ISBN 978-3-86528-444-0
24,1 cm x 30,6 cm

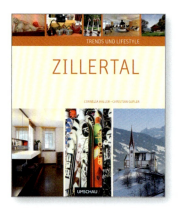

ISBN 978-3-86528-479-2
24,1 cm x 27,6 cm

ISBN 978-3-86528-394-8
24,1 cm x 27,6 cm

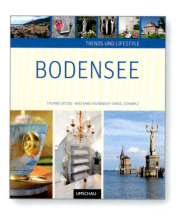

ISBN 978-3-86528-469-3
24,1 cm x 27,6 cm

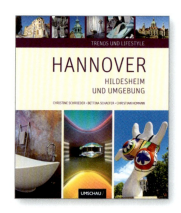

ISBN 978-3-86528-391-7
24,1 cm x 27,6 cm

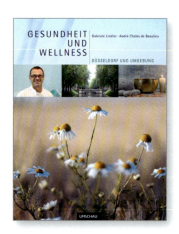

ISBN 978-3-86528-447-1
24,1 cm x 30,6 cm

ISBN 978-3-86528-478-5
24,1 cm x 30,6 cm

ISBN 978-3-86528-475-4
24,1 cm x 30,6 cm

ISBN 978-3-86528-468-6
24,1 cm x 30,6 cm

Neu in unserem Programm

EINE KULINARISCHE ENTDECKUNGSREISE ...
(Buchformat: 24,1 x 30,6 cm)

... durch München – Stadt und Land
Barbara Kagerer, Daniel Schvarcz
232 Seiten, Hardcover
ISBN: 978-3-86528-498-3

... durch das Oberallgäu
Tosca Maria Kühn, Yves Hebinger
168 Seiten, Hardcover
ISBN: 978-3-86528-490-7

... durch das Sauerland
Claus Spitzer-Ewersmann, Frank Pusch
128 Seiten, Hardcover
ISBN: 978-3-86528-487-7

... durch Vorarlberg
Claudia Antes-Barisch, Anja Böhme, Daniel Schvarcz
192 Seiten, Hardcover
ISBN: 978-3-86528-476-1

... durch das Hausruckviertel, Innviertel, Mühlviertel, Traunviertel, Mostviertel
Fünf Viertel in Ober- und Niederösterreich
Claudia Dabringer, Andreas Hechenberger, Chris Rogl
256 Seiten, Hardcover
ISBN: 978-3-86528-494-5

... durch das Wallis
Un voyage culinaire à travers le Valais
Klaus-Werner Peters, Rémy Steinegger
280 Seiten, Hardcover
ISBN: 978-3-86528-474-7

... durch das Berner Oberland
Karina Schmidt, Andreas Gerhardt
224 Seiten, Hardcover
ISBN: 978-3-86528-500-3

TRENDS UND LIFESTYLE
(Buchformat: 24,1 x 27,6 cm)

HOLSTEINISCHE SCHWEIZ
Herbert Hofmann, Dirk Fellenberg
152 Seiten, Hardcover
ISBN: 978-3-86528-481-5

BERGISCHES UND OBERBERGISCHES LAND
Susanne Schaller, Christel Trimborn, Gabriele Bender
144 Seiten, Hardcover
ISBN: 978-3-86528-472-3

GÖTTINGEN
Andreas Srenk, André Chales de Beaulieu
168 Seiten, Hardcover
ISBN: 978-3-86528-492-1

ARLBERG
Cornelia Haller, Christian Gufler
184 Seiten, Hardcover
ISBN: 978-3-86528-501-0

Englische Ausgabe:
ISBN: 978-3-86528-503-4

besteshandwerk
HANDWERK | DESIGN | KUNST | TRADITION
(Buchformat: 24,1 x 30,6 cm)

DÜSSELDORF UND UMGEBUNG
Silke Martin, Magdalena Ringeling, Christine Blei
176 Seiten, Hardcover
ISBN: 978-3-86528-485-3

ST. GALLEN UND UMGEBUNG
Christina Hitzfeld, Daniel Schvarcz
136 Seiten, Hardcover
ISBN: 978-3-86528-491-4

GESUNDHEIT UND WELLNESS
(Buchformat: 24,1 x 30,6 cm)

HAMBURG
Katrin Hainke, Bettina Schäfer, André Chales de Beaulieu
208 Seiten, Hardcover
ISBN: 978-3-86528-458-7

BODENSEE
Sigrid Hofmaier, Christian Bullinger
168 Seiten, Hardcover
ISBN: 978-3-86528-480-6

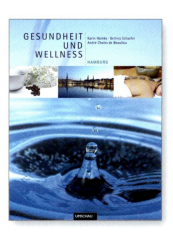

ISBN 978-3-86528-458-7
24,1 cm x 30,6 cm

Alle Titel erhalten Sie bei Ihrer örtlichen Buchhandlung.
Für weitere Informationen über unsere Reihen wenden Sie sich direkt an den Verlag:

UMSCHAU

Neuer Umschau Buchverlag
Theodor-Körner-Straße 7
D-67433 Neustadt/Weinstraße
☎ +49 (0) 63 21 / 8 77-852
📠 +49 (0) 63 21 / 8 77-866
@ info@umschau-buchverlag.de
www.umschau-buchverlag.de

Impressum

© 2011 Neuer Umschau Buchverlag GmbH, Neustadt an der Weinstraße

Alle Rechte der Verbreitung in deutscher Sprache, auch durch Film, Funk, Fernsehen, fotomechanische Wiedergabe, Tonträger jeder Art, auszugsweisen Nachdruck oder Einspeicherung und Rückgewinnung in Datenverarbeitungsanlagen aller Art, sind vorbehalten.

Recherche
Hanne Bahra, Potsdam
Ute Victoria Griephan, Berlin

Texte
Roberta Busch, Berlin
www.medien-karussell.de

Inka Schneider, Berlin (Texte Seite 128–129, 144–145, 154–155)

Mit freundlicher Genehmigung von:
Dalí – Die Ausstellung am Potsdamer Platz, Berlin Seite 78–81
Atelier und Galerie Sheriban Türkmen, Berlin Seite 94–95

Fotografie
Andreas Tauber, Berlin
www.andreastauber.de

Lektorat
Stefanie Simon, Neustadt an der Weinstraße
Monika Stumpf, Neustadt an der Weinstraße

Herstellung
Heike Burkhart, Neustadt an der Weinstraße

Gestaltung und Satz
posi.tiff media GmbH, Gelnhausen
www.positiff.com

Reproduktionen
Blaschke Vision
Peter Blaschke, Freigericht

Karte
Thorsten Trantow, Herbolzheim
www.trantow-atelier.de

Druck und Verarbeitung
NINO Druck GmbH, Neustadt an der Weinstraße
www.ninodruck.de

Printed in Germany
ISBN: 978-3-86528-477-8

Die Ratschläge in diesem Buch sind vom Autor und dem Verlag sorgfältig erwogen und geprüft, dennoch kann eine Garantie nicht übernommen werden. Eine Haftung der Autoren und des Verlages für Personen-, Sach- und Vermögensschäden ist ausgeschlossen.

Besuchen Sie uns im Internet
www.umschau-buchverlag.de

Titelfotografie
Andreas Tauber, Berlin
www.andreastauber.de

Wir bedanken uns für die freundlicherweise zur Verfügung gestellten Fotos bei:
Dalí – Die Ausstellung am Potsdamer Platz (S.78–81), Der Lederdoktor (S.117); Creation Pia Fischer (S.118/119); Die Eventagenten (S.135 oben links & S.135 unten); Gut Klostermühle natur resort & medical SPA (S.170–172 & S.173 oben & unten rechts).

Bildnachweis Fotolia (www.fotolia.com):
© Katja Xenikis (S.3); © jh Fotografie (S.72/73); © Heiner Witthake (S. 100 links oben); © stedah (S.100 rechts oben); © Kai Krueger (S.100 links unten); © mkrberlin (S.136/137).